Grădinăritul bio
pentru începători
M.A.S.T.
Teorie și practică
MARIE-LUISE KREUTER

Informațiile de bază referitoare la grădinăritul bio

Informațiile de bază referitoare la grădinăritul bio

Dacă doriți să vă îndepliniți visul de a avea o viață sănătoasă, obținând fructe și legume din propria grădină, aveți nevoie de un „manual de instrucțiuni” cuprinzător și de încredere. În capitolul ce urmează veți afla informații de bază despre sol, îngrășământ și despre cum învecinăm plantele în mod corect. Cu ajutorul acestor informații de bază puteți începe drumul spre a deveni un „grădinar bio” de succes!

De la grădina tradițională la grădina bio

Rădăcinile grădinăritului bio se întind mult către trecut. Cine crește plante în mod natural, nu numai că pune în aplicare cunoștințe noi, dar duce mai departe și tradiții foarte vechi. În grădinile de la țară din secolele trecute se cunoșteau deja cele mai importante concepte ale agriculturii biologice: compostul, îngrășăminte organice, culturi mixte sau metode naturale de a elimina dăunătorii. Pentru multe generații, ceea ce numim astăzi „metode alternative", erau lucruri normale.

Aceste cunoștințe legate de metodele naturale în agricultură s-au pierdut numai temporar. În cea de-a doua jumătate a secolului 20 popularitatea tehnicilor moderne și în special a produselor chimice a crescut cu o viteză uluitoare. Abia atunci când această „evoluție" și-a demonstrat efectele nocive pe care le avea în natură, oamenii s-au reîntors la alternativele „biologice".

Timp de secole, în grădinile de la țară tradiționale s-a practicat metoda culturii mixte. Pe vremea aceea, ea nu se numea încă cultură mixtă, dar în practică oamenii învecinau fără probleme legumele, ierburile aromatice și florile.

Clasificarea în culturi pentru consum și pentru decor, în grădină pentru „consum" și grădină de flori a fost o descoperire care a apărut mai târziu și care s-a impus în grădinile locuitorilor din orașe în secolul 20. Terenul din jurul casei nu se mai folosea pentru aprovizionarea proprie cu legume, plante aromatice și plante medicinale, ci era utilizat în scopul relaxării, pentru ca oamenii să își petreacă timpul liber sau pentru a înfrumuseța casa. Cu cât fructele și legumele de la magazinul din colțul străzii erau mai ieftine, cu atât mai puțini oameni își dădeau silința să cultve așa ceva pe terenul propriu. Chiar și multe grădini de la țară au devenit victimele comodității oamenilor. Unde înainte se cultivau parcele de pământ cu salată, varză, cimbru și crini de grădină, s-a plantat gazon „ușor de îngrijit". Această cultură extrem de veche a ajuns să fie în prima fază vioara a doua, ca după aceea să fie dată complet uitării. Între timp însă tendința a revenit: este din nou la modă să cultivi legume și plante medicinale în propria grădină. Și astfel s-a revenit și la ideea de culturi mixte și la metode naturale de cultivare. În grădina de astăzi pe lângă trandafiri și alte plante perene au reînceput să fie cultivate diverse tipuri de salată, roșii, ridichi, căpșuni, mărar și măghiran.

Sfaturi de actualitate din grădina bunicii

Puteți să citiți în literatura actuală de specialitate cum puteți învecina cel mai bine plantele. De asemenea, este interesant să „mai aruncăm un ochi" și în trecut și să descoperim și sursele vechi. Un sfat „bio" vechi, chiar istoric, se dovedește a fi, în mod uluitor, de actualitate și util. Într-un calendar pentru revista „Die Landfrau" din anul 1948 existau deja o mulțime de propuneri pentru cultura mixtă, cu mult înainte ca termenul de „grădină bio" să existe:

„Leguminoasele mari se pot combina cu spanacul. Spanacul, care crește repede, acționează precum o umbrelă, care protejează de soare; în umbra sa protectoare ferim formarea unei cruste la nivelul solului. Leguminoasele rămân astfel sănătoase și vor fi rodnice. Leguminoasele pe vrej și ceapa se inhibă reci-

proc. Leguminoasele pe vrej ca plantă principală, alături de varza de primăvară se ajută reciproc. Cartofii timpurii și mazărea de Angola nu reprezintă o cultură mixtă agreată. Cartofii timpurii, se învecinează bine cu varza creață care iernează, varza albă sau varza roșie. Țelina de rădăcină merge în aceeași cultură, pentru că anumiți nutrienți din sol ar rămâne altfel neutilizați. Țelina de rădăcină alături de conopidă reprezintă o completare bună. Mazărea de Angola se învecinează bine cu morcovii. S-a dovedit că roșiile și conopida pot crește bine împreună."

Metodele naturale de combatere a dăunătorilor erau pe atunci puse în aplicare în grădinile de la țară. Calendarul pentru femeia de la țară oferă sfaturi practice în acest sens:

*„**Puricii de pământ**....pentru a ține la distanță puricii, acoperiți plantele cu un strat de praf. Atunci când sunt acoperite cu rouă, presărați plantele cu cenușă, praf de cretă, făina lui Thomas sau scrum [astăzi nu mai este recomandat]. Dacă săpați și stropiți plantele cu conștinciozitate, atunci riscul a avea purici de pământ este minim.*

***Șoarecii de câmp**...plantați floarea-soarelui în diverse locuri din grădină. Mirosul îndepărtează complet șoarecii. Aveți grijă de arici.*

***Melci**...Protejați broaștele! Ele sunt cei mai harnici «paznici» împotriva melcilor. Presărați var nestins, cenușă, kainit, pleavă de orz, ace de pin sau de molid. Verificați zilnic ungherele/colțurile (rafturilor aflate la înălțime sau a țiglelor).*

***Viermele sârmă**... Puneți felii de cartof crud între plante, pe post de momeală. În zori puteți «culege» fără probleme viermii."*

De secole munca din grădină s-a aflat în mâinile femeilor de la țară. Există încă multe persoane care cultivă bio în zilele noastre și care încă folosesc informațiile prețioase de la acestea.

Protejarea vietăților folositoare, folosirea capcanelor sau a materialelor pentru presărat ce nu dăunează sunt și astăzi recomandate în grădinile bio pentru protejarea împotriva dăunătorilor. În plus, există o varietate de **substanțe pentru stropit naturale**, pe care le puteți prepara cu ajutorul plantelor sălbatice sau al celor care cresc în grădină. Printre acestea se **numără pelinul, vetricea, coada-calului** și **urzica**. Chiar și pentru aceste soluții naturale există câteva modele străvechi, care la țară se foloseau de secole. Într-o „Cărticică cu remedii pentru Războiul de Treizeci de Ani" se recomanda decoctul de pelin împotriva paraziților:

„Dacă vrei să scapi de gândaci, scaldă-ți cămașa într-un decoct cu pelin, în leșia îndoită cu apă și așteaptă să se usuce: așa nu se vor apropia păduchii de tine, altfel ajunge pe tine și moare la un moment dat în cămașă, iar mii de oameni poartă păduchii morți pe ei."

Așadar dacă vreți să folosiți un decoct din pelin pentru a stropi plantele împotriva apariției păduchilor sau căpușelor, acum veți ști că folosiți un remediu vechi de sute de ani. Poate astfel veți căpăta și mai multă încredere în metodele biologice, care nu sunt deloc „alternative". Aceste metode trecuseră testul acum multă vreme în grădinile de la țară, înainte ca noi să le redescoperim drept metode naturale de a avea grijă de grădină.

Un sistem funcțional este dat numai de combinarea tuturor acestor reguli de bază. Cel mai bun exemplu este dat chiar de natură: toate legile sale se împletesc, creând astfel o rețea ecologică „conectată". Astfel apare echilibrul vieții, care se autoconservă. Există o legătură puternică între plante și animale, între pământ, apă, aer și razele soarelui. Luate separat, componentele acestor imense circuite nu ar putea să se întrețină independent. S-ar prăbuși rapid.

Același lucru este valabil și pentru grădina dumneavoastră, creată după principii biologice: măsurile solitare nu vor aduce rezultate. Nu veți deveni un grădinar bio, dacă folosiți numai o substanță pe bază de urzici sau capcane cu bere. Folosiți cu grijă *toate* metodele biologice și pe o perioadă îndelungată de timp. Atunci vor intra în scenă și legile naturii; în grădina dumneavoastră va apărea un echilibru biologic, care le va permite plantelor să crească sănătos pe un pământ sănătos. Natura va deveni aliatul dumneavoastră și vă va scăpa de multă muncă dificilă.

În următoarele capitole veți descoperi cum puteți să puneți în aplicare toată această filosofie verde în grădinăritul de zi cu zi.

Informațiile de bază pentru grădinăritul biologic

4 reguli importante

Dacă doriți să aveți succes în domeniul grădinăritului biologic, trebuie să aplicați câteva reguli de bază în grădina dumneavoastră:

1. Compostarea

– pentru a menține solul plin de viață, rodnic și sănătos.

2. Folosiți îngrășăminte naturale

– pentru a îmbogăți solul cu substanțe nutritive acolo unde este nevoie de ele.

3. Folosirea unui strat vegetal protector

– pentru a „stimula" viața din sol și pentru a păstra pământul umed și afânat.

4. Puneți în practică ideea de culturi mixte

– prin invecinarea corectă a plantelor veți stimula o creștere sănătoasă a plantelor și veți ține departe dăunătorii și bolile.

Compostul menține tinerețea pământului

Pentru grădinile construite după principii biologice, compostul îngrijit este inima întregului „angrenaj". Cu alte cuvinte, mai puțin poetic formulat: compostul este stomacul grădinii. El este cel care „digeră" toate deșeurile organice, care se strâng de-a lungul anului, le modifică și formează noi substanțe din această materie aflată în descompunere.

Atunci când este pregătit corespunzător, compostul este cel mai bun humus. El conține toate substanțele nutrivite și oligoelementele în cantități echilibrate. Compostul acționează pe post de îngrășământ ușor, însă el ajută în special pământul să fie plin de viață. Și acolo unde râmele, ciupercile, bacteriile și algele găsesc condiții bune de supraviețuire, humusul și substanțele nutrivite se vor regenera.

Dacă utilizați compost, veți economisi banii pe îngrășăminte!

Orice grădinar poate produce singur acest humus valoros, care sporește rodnicia culturilor. Chiar dacă sunteți începător în acest domeniu, puteți învăța rapid bazele compostării, dat fiind că au apus de mult vremurile în care trebuia să depozitați toate materialele timp de trei ani și să săpați constant în groapa cu compost. Astăzi un compost bun și plin de substanțe nutritive, este gata în nouă până la 12 luni, dacă este amestecat corespunzător.

Locul pentru compost

Munca din grădină s-a aflat de-a lungul sutelor de ani în mâinile femeilor de la țară. De valoroasele lor cunoștințe se folosesc și astăzi mulți grădinari bio.

Există multe modalități de a produce compost: în bazine sau butoaie, pe o suprafață liberă sau în grămezi. Locul pentru compost trebuie să fie în semiumbră și ar trebui să ajungeți ușor cu roaba până la el. Ideal ar fi să puteți avea mai multe grămezi de compost, așezate una lângă cealaltă și care să fie separate de mici cărări. Puteți planta în jur tufe de soc sau de alune de pădure pentru a păstra umbră, dar și pentru a masca compostul. Dacă nu aveți spațiu pentru plante atât de mari, puteți pune în jur și plante anuale, precum porumb dulce sau floarea-soarelui.

Încă un sfat practic: luați în calcul și un spațiu într-un colț necesar butoaielor pentru lichid. Astfel veți reuși să aveți „fabrica de pământ" și pe cea de îngrășăminte într-un singur loc. Dacă plantați în jur urzică și brustur negru, veți avea parte constant de plante pe care să le folosiți pentru fierturi!

Grămada de compost

Este forma clasică de compostare. Grămada se formează pe solul bine afânat. Astfel se înlesnește migrarea râmelor și a altor vietăți ce prelucrează compostul. Este interzis să instalați compostul pe pietre, plăci sau pe suprafață de beton! Stratul inferior trebuie să fie compus din material brut, lemnos. Prin spațiile ce se creează lichidul se poate scurge. Pentru acest strat puteți folosi, de exemplu, bucăți de lemn, tije de la plantele perene, tijele de la floarea-soarelui, crenguțe de la trandafiri și alte astfel de resturi voluminoase.

Suprafața de bază a unei grămezi de compost trebuie să aibă o lățime de aprox. 1,5 m. Lungimea nu este importantă, puteți să o stabiliți în funcție de locul de care dispuneți și de deșeurile menajere pe care trebuie să le folosiți. Pentru că este important să folosiți destulă masă organică pentru a o face morman. Începeți să așezați pe straturi materialul la o lungime de 1-1,5 m. Pentru că este important să așezați în straturi destulă masă organică, pentru a începe să se descompună rapid. Dacă deșeurile se află într-un singur strat, nu se vor încălzi și de aceea se vor descompune foarte lent! În primă fază adunați toate deșeurile menajere de care dispuneți, din casă și din grădină. Pentru formarea compostului aveți nevoie de: ierburi (cu cât mai puține semințe posibil), flori ofilite, resturi de la legume, coji de cartofi, vrejuri de mazăre, crenguțe de la pomii fructiferi sau de la tufișuri, crenguțele tăiate din gardul viu, resturi de la fructe, pământ vechi din ghiveci precum și resturi din bucătărie, cum ar fi zațul de cafea, coji de fructe și cartofi, pliculețe de ceai, șervețele de hârtie, păr de la câine șamd. Este important să mărunțiți înainte toate aceste resturi. Puteți face acest lucru cu o lopată sau cu o foarfecă de grădină. Puteți face acest lucru mai rapid și mai ușor cu ajutorul unei mașini de mărunțit furaje sau a unui tocător. Merită să folosiți astfel de utilaje atunci când aveți o cantitate mare de material de tocat. La final amestecați împreună materialele moi și tari, uscate și lemnoase, precum și pe cele verzi și cărnoase. Astfel se formează o masă afânată, cu elemente care nu se vor mai lipi între ele. Componentele tari vor fi cele „responsabile cu" aerisirea compostului. Cele verzi sunt cele

O grămadă de compost este compusă din materie organică mărunțită. Încercați să formați cât mai multe straturi, pentru a stimula descompunerea.

Regulile de bază în procedeul de compostare

- **Aerul și oxigenul** trebuie să poată circula constant printre deșeurile menajere. De aceea este atât de mare nevoie de un amestec afânat. Vietățile din pământ, precum și microorganismele nu pot supraviețui fără aer!
- **Umiditatea** este, de asemenea, parte componentă a tuturor vietăților care „lucrează în fabrica de compost". Însă ea trebuie distribuită în mod egal. Umiditatea excesivă duce la o compoziție lipicioasă. Iar acest lucru are drept consecință lipsa de oxigen. Iar în scurtă vreme vor prelua „conducerea" bacteriile care provoacă putrefacția! Când atmosfera este foarte uscată, vietățile se vor retrage în straturile inferioare. Atunci trebuie să udați neapărat compostul!
- **Căldura** este necesară pentru o descompunere rapidă și armonioasă. În mare parte ea va fi produsă chiar de vietăți în timpul procesului de descompunere. Deșeurile mărunțile sunt preluate și descompuse mai ușor. „Stimulentul" în forma îngrășământului organic ridică temperatura din grămada de compost. Cu cât condițiile din grămada de compost sunt mai bune, cu atât treaba se realizează mai repede, iar căldura este mai mare!

„responsabile" de umezeala compostului; de asemenea, ele sunt și cele care au cele mai multe substanțe nutritive. Acum puteți să începeți să dispuneți în straturi materia. Primul strat trebuie să fie înalt de aproximativ 20 cm și compus din materie mărunțită. Peste fiecare strat presărați un strat subțire de oxid de calciu (de preferat oxid de calciu din alge) și puțin îngrășământ organic (de ex. făină de coarne, resturi de ricin sau un îngrășământ organic din comerț). În cazul în care compostul este foarte umed, sau dacă toamna plouă foarte mult, adăugați praf de argilă, care absoarbe umezeala în exces. Este recomandat să cumpărați din comerț și așa numitul kit de început pentru compost, care accelerează procesul de descompunere. La fel de bune sunt și câteva lopeți cu compost pe jumătate gata, în cazul în care aveți deja așa ceva. Acest „ingredient" gratuit este plin de microorganisme și vietăți. Și astfel „injectați" noul material. Și pe acest model adăugați câte un nou strat. Compostul trebuie să fie compus din cel puțin 1m de astfel de straturi, pentru a stimula încălzirea și descompunerea. De aceea este indicat ca pentru început grămada de compost să aibă o suprafață de1 sau 2 m^2 și puteți să o măriți, atunci când aveți destulă materie. Sus grămada trebuie să fie din ce în ce mai mică, astfel încât la final să semene cu un mic cort din pământ, cu laturile dispuse în diagonală. Pentru a proteja compostul de frig și de umezeală excesivă, acoperiți-l cu un strat de paie, iarbă, frunze, cu o rogojină sau cu saci vechi. Așa trebuie să îl păstrați pe timpul iernii. Țineți minte următoarele reguli importante, atunci când vine vorba de compost: dacă luați în calcul aceste reguli de bază, compostul dumneavoastră se va crea armonios și nu va răspândi niciodată mirosuri neplăcute. De asemenea, nici nu aveți nevoie de mult timp pentru descompunerea materialului: în funcție de vreme, toate deșeurile menajere se vor fi transformat în „pământ bun" după 9-12 luni. După aceea nu trebuie să lăsați compostul acolo, ci să îl folosiți peste tot în grădină, unde aveți nevoie.

Compost pe cele mai mici suprafețe

- **Recipiente din lemn, metal sau plastic** În locul grămezii de compost clasice, care acoperă o suprafață de pământ destul de mare, puteți folosi și containere practice. Acestea nu au nevoie de mai mult de 1m². Din comerț puteți alege dintre diverse sisteme aprobate. Recipientele pentru compost sunt fabricate din lemn, plasă de sârmă, plastic sau metal galvanizat. Ele sunt diferit construite, însă au de fiecare dată fante sau găuri pe pereții exteriori, pentru ca aerul să poată circula constant. Toate containerele pentru compost trebuie așezate pe solul afânat. Ca și în cazul grămezilor de compost, și în acest caz este nevoie să existe „calea deschisă" către „subsolul plin de viață". Toate regulile legate de pregătirea compostului se aplică și în cazul depozitării acestuia în containere îngrădite: așezați în straturi materialul mărunțit, bine amestecat si afânat. Trebuie să rămână aerisit, umed și cald. Avantajul containerelor închise în lateral este că păsările, găinile sau chiar șobolanii nu pot răscoli deșeurile menajere.
- **Lada de compost din lemn** există de generații. Materialul natural se potrivește în grădini. În comerț găsiți diverse modele. Puteți alege o ladă din lemn, însă puteți și construi una din plăci, plăci rindeluite sau lemn rotund.
- **Containerele de compost** sunt fabricate din metal sau plastic. Conținutul se încălzește mai rapid, dacă acest container este acoperit și de capac. Deșeurile menajere provenite din bucătărie se păstrează cel mai bine în astfel de containere, fiind păzite de vietăți „neinvitate". În cazul acestor containere aveți în special grijă la umezeala excesivă! Câteva mâini de praf de piatră

Puteți construi singur recipientele pentru compost. Aveți grijă la buna circulație a aerului și la materialul care trebuie să fie potrivit unei grădini biologice!

Pentru grădinile mici se recomandă aceste lăzi din lemn. Capacul protejează împotriva ploii excesive, dar și împotriva animalelor.

vor absorbi umezeala și mirosurile neplăcute. Adăugați mereu între straturi câteva lopeți de compost „copt” sau pământ de grădină.

- **Silozurile din plastic pentru compost** oferă multe avantaje pentru grădinile mici, în cazul în care sunt fabricate dintr-un material solid, rezistent la impact. Există, de exemplu, modele de silozuri unde pe sus puteți adăuga în continuare deșeuri menajere, în timp ce pe jos puteți scoate compostul care este deja gata.
- **Construcțiile din plasă de sârmă** sunt ușor de făcut și ușor de mutat. Se găsesc în varianta rotundă sau pătrată. Însă conținutul este puternic expus la soare și vânt din pricina găurilor. Materialul pentru compost se usucă puternic la extremități. De aceea trebuie să poziționați neapărat aceste tipuri de containere la loc ferit și umbros!

Când este compostul gata?

În grădina bunicului, compostul era gata abia după trei ani. În această lungă perioadă de timp, compostul era rearanjat de mai multe ori. În această situație, grădinarul trebuia să mute cu multă trudă materialul din straturile inferioare la suprafață, să rearanjeze straturile și să refacă grămada. Conform ultimelor studii în domeniul grădinăritului biologic, acest lucru nu mai este necesar. Dacă mărunțiți materialul, îl amestecați cu atenție și îl afânați, așa cum este prezentat în acest capitol, atunci tot procedeul va dura numai aproximativ un an. Materialul mărunțit se transformă în compost în 3-5 luni, în timpul anotimpului cald. Cu cât deșeurile sunt mai mari și cu cât este mai frig, cu atât mai mult va dura procesul. Cel târziu după 9-12 luni compostul este îndejuns de descompus, încât să poată fi utilizat în grădină. În acea situație vorbim de un compost brut sau compost vegetal. Acest compost „semi-copt” este plin de substanțe nutritive. Încă mai conține organisme care „lucrează solul”, care se vor muta astfel printre straturile din grădină.

Puteți găsi în comerț astfel de silozuri din plastic, termoizolante pentru compost. Capacul ferește compostul de animale și protejează împotriva ploii.

Cu cât compostul stă mai mult în grămadă sau în siloz, cu atât mai fin va deveni humusul rezultat. În tot acest timp, substanțele nutrivite vor fi din ce în ce mai mult descompuse. Astfel veți obține un pământ de grădină foarte fin, însă cu din ce în ce mai puține substanțe nutritive.

Utilizarea în grădină

În toamnă sau la începutul primăverii puteți distribui compostul peste tot în grădină. Poate să fie în continuare un pic fărâmicios sau să pară încă un pic brut. Răsadurile de legume, plantele perene, tradafirii, tufișurile de fructe de pădure și tufișurile ornamentale vor fi recunoscătoare pentru acest humus „plin de viață". Într-o grădină biologică nu trebuie să săpați pământul, ci să îl afânați, folosind grebla sau aerisitorul. În funcție de cât aveți, distribuiți un strat de compost cu o grosime de 2-5 cm și după aceea doar greblați ușor la suprafață. Pentru a preveni uscarea acestui compost plin de viața și de substanțe nutritive, este indicat să îl acoperiți imediat cu un strat vegetal protector format din iarbă, frunze, sau ierburi mărunțite. Este nevoie de un astfel de strat protector în special iarna. Straturile golite și curățate vor rămâne astfel umede și încălzite. Primăvara veți găsi sub stratul vegetal descompus un pământ proaspăt și afânat. Pe „pământul dezgolit", de pe altă parte, se creează o suprafață dură, din pricina alternării dintre ploi și soare. Pentru prașilele plantelor sau pentru șanțurile în care plantați răsadurile trebuie să folosiți numai compost fin, „copt". Materialul „brut" al compostului vegetal dăunează rădăcinilor fragile ale plantelor, din pricina procesului de descompunere, care continuă să se desfășoare! Țineți minte următoarea formulă simplă: „brut" deasupra pământului – „fin" sub pământ!

Distribuiți compostul iarna sau primăvara. Greblați-l numai puțin. Toamna este indicat să îl acoperiți cu un strat vegetal protector.

Așa trebuie să arate compostul „copt", când este bine pregătit: un humus de culoare maro, sfărâmicios, care miroase precum pământul din pădure. Acest compost este plin de substanțe nutrivite și de microorganisme.

Grădinărit fără să săpați?

Dacă aplicați în mod consecvent metodele biologice, nu veți mai fi nevoit să săpați toamna, lucru care este de altfel foarte obositor. O condiție importantă este însă să acoperiți constant straturile de pământ cu compost și cu un strat vegetal protector. După recoltare nu va trebui decât să curățați suprafețele de pământ de ierburi și să le afânați. Pentru aceasta puteți folosi următoarele unelte:

Aerisitorul: este o unealtă în formă de semilună. Este important ca mânerul aerisitorului să fie la capăt ușor încovoiat. Cu ajutorul acestei unelte construite special pentru grădinăritul biologic puteți afâna bine pământul, fără să depuneți prea mult efort și fără să fiți nevoit să „întoarceți" straturile. Puteți afâna în mod egal tot terenul, dacă trasați linii în diagonală și prelucrați din nou pământul de-a lungul lor.

Pe suprafețe mici puteți afâna solul și cu o greblă cu patru dinți. Înfigeți cu putere grebla în pământ și apăsați de câteva ori în față și în spate. Însă numai atât, cât pământul să fie ușor ridicat. Astfel veți prelucra bucată cu bucată terenul. Totuși această metodă necesită mai multă muncă și mai mult timp. Nu este o metodă recomandată pentru grădinile mari. În cazul acestor metode de prelucrare a pământului, structura humusului rămâne intactă. Săpatul pe de altă parte, dă peste cap întreaga lume a microorganismelor. Ea trebuie reconstruită de fiecare dată. Efectul benefic asupra solului în urma înghețului planificat de grădinar este un concept instabil. Ploile puternice de primăvară pot distruge structura fină a solului și vor inunda „porii" solului. Iar în acea situație toată munca depusă pentru a săpa a fost în zadar.

Motive întemeiate pentru a săpa

În grădina biologică, grebla înlocuiește hârlețul. Așa nu veți deranja fauna de sub pământ

Cu toate acestea, cazmaua nu va sta degeaba într-o grădină construită după principii biologice. Dacă trebuie să transformați o bucată dintr-o pajiște sau o parcelă năpădită de buruieni în suprafață arabilă, trebuie să o desfundați prima dată, dacă nu chiar să o arați. Abia după aceea puteți trece la metode mai blânde. Merită de fiecare dată să vă gândiți înainte în liniște și după aceea să alegeți cea mai logică variantă. Grădinarii bio buni își folosesc prima dată mintea și abia după aceea aerisitorul sau lopata. Acest lucru vă scutește de dureri de spate sau de nereușite.

Îngrășăminte naturale pentru plante

Nici măcar în grădinile bio nu putem lăsa grija legată de rodnicia recoltelor pe mâna „mamei natură". Toate plantele de cultură au nevoie de substanțe nutritive, pe care trebuie să le primească la un anumit interval. În afară de compost, se mai utilizează în special îngrășăminte organice.

Deșeurile vechi, dar benefice

Deșeurile din grajduri se află la îndemâna puținor oameni. Balega uscată de la vite reprezintă o alternativă bună dacă provine de la o fermă de animale corespunzătoare. Însă există grădinari care nu știu cu exactitate cum să folosească aceste îngrășăminte, atât de prețuite încă de pe vremea strămoșilor noștri. Țineți minte de la bun început două lucruri:

- Nu folosiți excrementele animalelor din crescătoriile industriale de animale, care primesc antibiotice și hormoni și hrană cu ingrediente artificiale!
- Niciodată să nu îngropați în pământ bălegar proaspăt!

Dar haideți să trecem la practică. Bălegarul nu este pur și simplu bălegar. Există excremente acide de animale, care reacționază imediat, și așa numitul bălegar rece. Câte animale există de la care folosim aceste excremente, la fel de diferite sunt și compoziția și efectele bălegarului. Dacă știți să faceți diferența, atunci veți și ști să folosiți corect bălegarul:

- **Bălegarul proaspăt de la vite** amestecat cu paie este un îngrășământ ușor, echilibrat. Conține toate substanțele nutritive necesare. Puteți să îl așezați într-o grămadă specială, însă nu aveți voie să folosiți niciun tip de oxid de calciu. Acest supliment folosit în compostare nu trebuie folosit în combinație cu niciun îngrășământ animal. Oxidul de calciu eliberează azotul atât de prețios, care se pierde, în acest caz, degeaba în aer. Dacă nu aveți loc în grădină pentru mai multe grămezi, atunci folosiți praf de piatră sau praf de argilă (de asemenea, fără oxid de calciu!).
- **Bălegarul de cal** face parte din categoria îngrășămintelor care încălzesc. Orice grădinar știe că poate „încălzi" o răsadniță cu acest îngrășământ. Substanțele nutritive care se regăsesc în balega de cal sunt asemănătoare cu cele din bălegarul vitelor. Puteți composta ambele îngrășăminte împreună. Și bălegarul poate oferi plantelor pretențioase necesarul de substanțe nutritive.
- **Excrementele de porc** sunt cunoscute drept un îngrășământ rece de proveniență animală. Conține mult carbonat de potasiu, puțin azot și aproape niciun pic de oxid de calciu. Excremente de porc compostate sunt în special potrivite pentru țelină, praz și zmeură.

Deșeurile vechi, dar benefice, încă există la țară, acolo unde se cresc vite și cai.

- **Excrementele de oaie, capră și iepuri** fac parte din categoria îngrășămintelor care încălzesc. Ele sunt bogate în azot, de aceea trebuie să le folosiți cu grijă. Prea mult azot dăunează creșterii sănătoase. În orice caz, trebuie să compostați aceste îngrășăminte, ori singure, ori împreună cu alte excremente. Folosite proaspete, acestea pot provoca arsuri. Excrementele de oaie, capră și iepuri sunt recomandate pentru legumele care au nevoie de multă energie pentru a se dezvolta.
- **Găinațul de găină, rață sau porumbei** este foarte acid și face parte din categoria îngrășămintelor care încălzesc puternic. Sub nicio formă nu puteți împrăștia găinaț proaspăt în grădină. Orice tip de găinaț poate fi folosit numai atunci când este uscat sau sub formă de leșie. Nu folosiți niciodată găinaț care provine din bateriile avicole mari! Spre deosebire de celelalte excremente provenite de la animale, găinațul conține foarte mult fosfor; acesta conține, de asemenea, și foarte mult azot și carbonat de potasiu. Dat fiind că el se descompune foarte repede, există riscul de a arde plantele. Găinațul este potrivit pentru legumele care au nevoie de multă energie pentru a se dezvolta. El stimulează și înflorirea, datorită conținutului ridicat de fosfor. Însă este indicat să îl folosiți în cantități moderate pentru florile din grădina și balconul dumneavoastră. Îngrășăminte naturale de proveniență animală sunt utilizate pentru acele plante care au nevoie de fertilizare suplimentară pentru a se dezvolta sănătos, chiar și după ce ați pus compost în grădină.

Îngrășămintele naturale din substanțe organice

- **Cenușa pură a lemnelor arse în șemineu** face parte, de asemenea, din categoria îngrășămintelor naturale. Este bogată în carbonat de potasiu și oxid de calciu. Folosiți cenușă numai în acele locuri unde solul are nevoie de aceste două substanțe. Țelina, de exemplu, este o plantă căreia „îi place" carbonatul de potasiu.

Așchiile de coarne pot fi utilizate în diverse scopuri. Ele sunt o bună sursă de substanțe nutritive pentru plante.

- **Așchiile și făina de coarne** din coarnele și copitele vitelor sunt bogate în azot și fosfor.
- **Resturile de ricin** se obțin din ricin (*Ricinus communis*), o plantă tropicală. Se folosesc reziduurile, care rămân în urma procesului de presare a boabelor de ricin, din care se obține ulei. Acest îngrășământ natural este bogat in fosfor; de asemenea, conține și cantități mai mici de fosfor și carbonat de potasiu. Atenție: ricinul poate provoca erupții cutanate, dacă este utilizat de persoanele alergice!

- **Tescovina** este ceeace rămâne după stoarcerea strugurilor sau a altor fructe. Îngrășământul obținut cu aceste resturi este bogat în special în oligoelemente. El este folosit de multă vreme în zonele cu terenuri arabile. Între timp produsele pe bază de tescovină se găsesc și în comerț.
- **Îngrășămintele din alge** se obțin din diverse alge marine. Sunt bogate în oligoelemente și magneziu. De obicei se comercializează sub formă de îngrășământ lichid. **Oxidul de calciu din alge** este, de asemenea, foarte bogat în oligoelemente și magneziu.
- În comerț puteți găsi și **îngrășăminte organice complexe**, ce conțin principalele substanțe nutritive în proporție echilibrată. Ele sunt produse din substanțe naturale, precum făină de coarne, alge, resturi de ricin, praf de piatră și microorganisme. Adesea, acest tip de îngrășământ se combină cu găinațul uscat. Îngrășămintele organice complexe se folosesc toamna sau la început de primăvară. Substanțele din îngrășământ acționează numai atunci când intră în contact cu vietățile din pământ, creând astfel o sursă de substanțe nutritive care acționează pe termen lung.

Îngrășămintele organice

Îngrășământ	Substanțele nutritive principale	Efecte și utilizare
Așchiile și făina de coarne	Azot, fosfor	Eliberare lentă, efecte de lungă durată; potrivit pentru legume, plante perene, trandafiri sau pentru jardinierele de pe balcon
Bălegar proaspăt de vită	Azot, fosfor, carbonat de potasiu	Un complex ușor de substanțe nutritive; nu se utilizează neprelucrat, ci compostat; indicat pentru legume și fructele care au nevoie de multă energie pentru a se dezvolta
Bălegar uscat de vită	Azot, fosfor, carbonat de potasiu din abundență	Este în special indicat pentru trandafiri și rădăcinoase
Bălegar proaspăt de cal	Azot, fosfor, carbonat de potasiu	Îngrășământ care încălzește; bălegarul compostat se folosește pentru plantele pretențioase sau pentru încălzirea răsadnițelor
Găinaț provenit de la găini, porumbei sau păsări acvatice	Azot, mult fosfor, carbonat de potasiu	Îngrășământ care încălzește; cel mai indicat este să îl folosiți diluat sau să îl compostați; folosiți-l în cantități mici pentru legume care au nevoie de multă energie pentru a se dezvolta și pentru flori
Cenușă	Fosfor, carbonat de potasiu și oxid de calciu din abundență	Vine ca o completare pentru îngrășămintele organice, care au un conținut scăzut de carbonat de potasiu; este bună pentru trandafiri și rădăcinoase
Îngrășăminte pe bază de alge	Carbonat de potasiu, puțin fosfor, destul azot, magneziu și oligoelemente din abundență	Se găsește de obicei sub formă de îngrășământ foliar lichid, ce stimulează creșterea și mărește rezistența plantelor
Tescovina	Azot și carbonat de potasiu, puțin fosfor	Recomandat pentru legume și fructe

Îngrășămintele minerale naturale

De asemenea, natura face parte din categoria celor mai mari „producători" de săruri și minerale. Aceste substanțe pline de nutrienți sunt produse de sedimentele din sol ale animalelor primitive și prin acumularea de săruri din mări. Astfel de-a lungul milioanelor de ani s-au format straturi groase din fosfat natural și sare de potasiu. Veți avea nevoie de următoarele substanțe naturale într-o grădină construită după principii biologice:

- **Fosfat** cu eliberare prelungită
- **Carbonat de potasiu cu magneziu** – un produs pe bază de carbonat de potasiu sărac în săruri, dar cu un surplus de magneziu
- **Făina lui Thomas –** un îngrășământ cu conținut de fosfor, care este un produs secundar obținut în urma prelucrării metalurgice a minereului de fier.

Toate îngrășămintele minerale naturale trebuie folosite numai acolo unde solul și plantele au nevoie de fosfor sau carbonat de potasiu. Numai o analiză exactă a solului vă poate oferi informații despre nivelul de nutrienți din grădina dumneavoastră. Merită să faceți o astfel de analiză (500 – 1 000g de pământ preluat din mai multe straturi și amestecat) odată la 2-3 ani. Trimiteți proba de pământ la un laborator de analize de soluri.

Țineți minte următoarea regulă de bază: nu trebuie să exagerați niciodată nici cu îngrășămintele naturale. Prea mult azot, chiar dacă provine din surse organice, nu stimulează decât o creștere „spongioasă" și o absorbție ridicată de apă. Este mai de dorit ca rodul să fie mai puțin din punct de vedere al greutății, însă de o calitate mai bună. Dacă doriți să cultivați legume sănătoase în grădina dumneavoastră, trebuie să știți cum acționează îngrășămintele naturale și la ce sunt bune acestea.

Udați plantele cu fiertura de urzică îndoit cu apă în prealabil. Este recomandat pentru varză sau roșii, precum și pentru flori.

Compostul lichid din plante – îngrășământul natural de calitate din grădină

Multe din plantele din grădina de fructe legume sau flori vă vor fi recunoscătoare pentru un surplus de substanțe nutritive oferite în perioada principală de creștere. Plantele absorb și prelucrează foarte rapid îngășămintele lichide. În grădinile bio se folosește un compost lichid făcut „în casă", obținut din plante medicinale sau plante sălbatice. Aceste decocturi cu nutrienți conțin în special azot, care stimulează creșterea plantelor. Ele sunt însă bogate și în alte substanțe nutritive foarte bune. Cel mai cunoscut îngrășământ lichid din grădină este probabil fiertura de urzică. După acest model puteți face și o fiertură de coada calului sau alte ierburi.

Fiertura de urzică

Puneți un butoi mare într-un loc însorit, de preferat în apropierea compostului. Este recomandat să folosiți, de exemplu, un butoi de lemn, o oală de ceramică, sau un butoi din plastic ecologic. Umpleți două treimi din butoi cu urzică proaspătă, mărunțită. Apoi adăugați apă de ploaie sau apă stătută din butoiul cu apă din grădină. Bucățile de urzică trebuie să fie acoperite complet. Lăsați cam 10-20 cm liberi până la buza butoiului, pentru că urzica va fierbe și va face spumă în primele zile.

La final, puneți o plasă fină de sârmă desupra butoiului, pentru ca păsările și animalele mici să nu poată să intre și să se înece. Dat fiind că se știe că un astfel de compost lichid nu răspândește mirosuri tocmai plăcute, adăugați încă de la început câteva picături de extract din flori de valeriană sau o mână de praf de piatră. Ambele substanțe blochează răspândirea în aer a „aromei" acestui decoct care fermentează.

Amestecați cu putere apa și bucățile de plante o dată pe zi, cu ajutorul unui băț. Astfel „adăugați" o cantitate nouă de oxigen în procesul de descompunere. Compostul lichid este gata mult mai repede, dacă se află într-un loc însorit, decât dacă stă la umbră, unde este răcoare.

În funcție de vreme, procesul de fermentare se încheie după 10-20 de zile. Atunci compostul lichid „s-a așezat". În orice caz, acoperiți cu un capac butoiul cu compost lichid, pentru a feri vecinii de mirosurile neplăcute.

Folosind urzică, puteți produce singur cel mai valoros îngrășământ natural pentru grădina dumneavoastră: (1) Tăiați plante proaspete pe care le acoperiți după aceea cu apă, (2) Adăugați praf de piatră pentru a bloca eliberarea mirosurilor neplăcute ale acestui compost lichid, și (3) amestecați mai des, până se încheie procesul de fermentare.

Fiertura de urzică poate fi utilizată în funcție de nevoi. Diluați lichidul cu apă, la o proporție de 1:10. După aceea puteți uda cu acest îngrășământ lichid ușor toate legumele (aici făcând excepție fasolea, mazărea, usturoiul și ceapa), plantele perene, florile de vară, trandafirii, tufișurile de fructe de pădure și pomii fructiferi. Udați plantele direct la rădăcină cu acest compost lichid de urzică. Destul de curând plantele vă vor arăta cât de bine le merge datorită acestui îngrășământ, prin faptul că frunzele vor fi de un verde puternic, iar plantele vor avea parte de o creștere sănătoasă. Dacă veți utiliza corect compostul lichid, plantele nu se vor arde și nici nu vor fi supuse procesului de etiolare. Acest îngrășământ valoros nu numai că este o sursă bogată de nutrienți, ci ajută plantele și din interior, ele devenind astfel mai puternice împotriva bolilor și dăunătorilor.

Îngrășământul „verde" – tratamentul pentru sol venit din punguța de semințe

Puteți aplica direct îngrășămintele pe bază de plante, plantându-le în pământ. Așa-numitele plante-îngrășământ sunt „culturile intermediare", iar scopul acestora este a de regenera și de a afâna solul, precum și de a-l umple cu substanțe nutritive.

Pentru acest scop, există o serie de „plante-specialist", de exemplu lupin, diverse soiuri de trifoi, phacelia și muștarul. Într-o mică grădină pentru „consum" se recomandă astfel de plante mai ales pe parcelele cultivate. La sfârșitul verii mai puteți planta un amestec de lupin cu trifoi. Puteți găsi semințe în magazinele de specialitate. Lupinul și trifoiul fac parte din familia Leguminoaselor sau *Papilionaceae*. Cu ajutorul anumitor bacterii, ele creează mici capsule de azot pe rădăcinile lor. Astfel solul se îmbogățește pe cale naturală cu noi substanțe nutritive. În plus, rădăcinile foarte lungi ajută la afânarea solului. După aceea puteți tăia frunzele și le puteți folosi pe post de strat vegetal protector. De asemenea, aceste plante pot fi folosite în compostare.

Folosirea de îngrășăminte „verzi" – aici o parcelă cu muștar – regenerează și ajută la afânarea solului. Trebuie să le folosiți toamna, după ce ați adunat toată recolta.

Diversele tipuri de praf de piatră – îmbunătățirea fără riscuri a solului

Praful de piatră se obține în urma sfărâmării mecanice a pietrelor. Ingredientele variază, în funcție de rocile care au fost utilizate. Însă, per total, el reprezintă o sursă bogată de oligoelemente, de altfel atât de importante. Printre acestea se numără și magneziul care ajută la formarea clorofilei.

Tipurile de praf de piatră nu fac parte din categoria îngrășămintelor, însă au calitatea de a îmbunătăți substanțial solul din grădină. Mineralele și oligoelementele conținute de praful de piatră se eliberează lent în sol. Aici microorganismele joacă un rol important. De aceea în solul bogat în humus, praful de piatră acționează intensiv.

De asemenea, sunt importante și anumite proprietăți fizice ale prafului de piatră: ele au calitatea de a-și extinde suprafața.

Astfel îmbunătățesc capacitatea solului de a înmagazina apă și substanțe nutritive. Pe termen lung, praful de piatră acționează în sol precum o pușculiță.

Unde presărați cu regularitate praf de piatră fertil, microorganismele și plantele vor avea parte, în cantități mici dar constante, de substanțe nutritive. Solul devine mai fărâmicios, iar substanțele humice atât de valoroase se înmulțesc. Cu toate acestea, praful de piatră nu este imediat praf de piatră. Conținutul de oxid de calciu, magneziu, carbonat de potasiu și argilă este schimbător, în funcție de proveniența prafului de piatră. Folosiți praf de piatră cu conținut ridicat de oxid de calciu, numai acolo unde solul și plantele chiar au nevoie de oxid de calciu. Aveți grijă la compoziție!

Praful de argilă

O formă specială de praf de piatră este praful de argilă. Se obține din bentonit, care rezultă în urma descompunerii cenușii vulcanice. Se și comercializează sub numele de bentonit. Praful de argilă are o capacitate extraordinară de absorbție a apei. Poate absorbi o cantitate foarte mare de apă. De aceea se potrivește foarte bine pentru îmbunătățirea structurii solului nisipos. Praful de argilă este bogat în substanțe minerale. În plus, înmagazinează substanțele nutritive principale, precum azot, fosfor și carbonat de potasiu. Astfel, ele nu vor mai fi îndepărtate atât de ușor din sol și duse în pânza de apă freatică.

Nici măcar începătorii în ale grădinăritului biologic nu pot comite greșeli când vine vorba de utilizarea prafului de piatră. Nu se pune problema de fertilizare excesivă. Dacă folosiți cantități de praf de piatră moderate, dar aplicate regulat pe solul din grădină sau în compostare, atunci veți ajuta la creșterea fără riscuri a fertilității solului.

Praful de piatră îmbunătățește atât compostul, cât și solul, datorită conținutului ridicat de oligoelemente și magneziu.

Stratul vegetal protector – să învățăm de la natură

Unele grădini par atât de măturate, încât ai impresia că cineva le curăță cu aspiratorul. Nu există niciun loc pe unde să apară vreo buruiană printre răsaduri. Nu se poate vedea nicio frunză maro pe margine. Peste tot printre straturi poți vedea numai pământ „curat", greblat. Se poate vedea de la distanță: în această grădină se păstrează ordinea!

Mica lecție oferită de pădure

Grădinarul care muncește în grădină cu o asemenea trudă este probabil foarte mândru de rezultatele obținute și de privirile admirative pe care le aruncă vecinul peste gard. Însă același om, în concediu privește cu încântare covorul variat de plante de la baza copacilor, atunci când se plimbă printr-o minunată pădure mixtă. Ierburile și florile cresc și se dezvoltă în armonie unele cu celelalte. Peste plantele și crenguțele uscate sau frunzele căzute cresc, vara, o multitudine de plante. Și peste tot miroase a pământ de pădure cu o miasmă plăcută.

Nimeni nu pune niciodată îngrășământ în pădure. Cu toate acestea, toți copacii din pădure se „hrănesc" așa de bine, încât ajung să devină extrem de puternici. Iar această creștere spectaculoasă este posibilă numai pentru că nimeni nu curăță ierburile din pădure și nu strânge frunzele. Toate plantele moarte cad pe sol și îl acoperă cu un strat afânat de substanțe organice. Toate aceste plante se descompun încet, dar constant. Ele sunt transformate în humus de către microorganisme și micile vietăți. Astfel sub stratul de plante al pădurii se formează mereu pământ nou și plin de substanțe nutritive. Această „fabrică de îngrășământ", ce lucrează în liniște, dar care este și foarte productivă în același timp, are capacitatea de a produce de-a lungul deceniilor, chiar de-a lungul secolelor cantități enorme de îngrășământ pentru plante. În drumul spre casă, după mica lecție oferită de pădure, fiecare persoană care are grijă de propria grădină își va da seama că natura nu este nicăieri o „frumusețe dezgolită". Acolo unde pământul este dezgolit din pricina oamenilor, animalelor sau influențelor vremii, primele plante sălbatice vor apărea curând din sol. Natura folosește din proviziile sale infinite, semințe care până acum stăteau „în hibernare", pentru a putea acoperi solul neprotejat. Marginea drumului, spațiul dintre șinele de tren, câmpurile neutilizate de oameni – totul este acoperit

Pământul din pădure este un exemplu care susține utilizarea stratului vegetal protector în grădinile bio. Sub stratul afânat de frunze se formează un humus bogat, care hrănește copacii.

de plante în cel mai scurt timp. Acolo unde acest lucru nu se mai poate întâmpla, deoarece capacitatea de regenerare a solului a fost dereglată, solul rămâne descoperit și este expus la forța distructivă a vântului, soarelui sau ploii. Stratul fertil de humus va fi uscat de soare, „măturat" de vânt și plimbat de apa ploii. Astfel se ajunge în cel mai rău caz la formarea zonelor de stepă sau deșert.

Stratul protector al solului din grădină

Bineînțeles, cunoștințele dobândite în urma acestei plimbări nu se pot pune pur și simplu în aplicare în grădina de legume. O grădină – chiar și o grădină construită după principii biologice – nu este pământ sălbatic, ci pământ cultivat. El are nevoie de grija grădinarului, pentru a putea ajuta la rodnicia pomilor fructiferi sau a culturilor de varză. Cu toate acestea legile legate de fertilitatea solului pot fi adaptate în mod corespunzător la solul din grădină. De exemplu, transformați principiul solului de pădure acoperit în ideea de strat vegetal protector. Trebuie să „prelucrați" cu foarte mare grijă aceste straturi din material organic. Nu trebuie să dea impresia de sol neîngrijit și dezordonat. De fapt, tot ce trebuie să facă grădinarul este să își modifice un pic principiile estetice. Iar în acel moment el va putea descoperi frumusețea straturilor de frunze sau iarbă. Trebuie să udați numai în caz de secetă prelungită. De asemenea, veți avea nevoie numai de cantități mici de îngășământ și compost. Însă trebuie să și învățați ce înseamnă stratul vegetal protector „aplicat" corect! Aveți grijă ca stratul să fie mereu afânat. Pentru ca procesul de descompunere să decurgă armonios, este nevoie ca oxigenul să poată circula. În locurile în care toate aceste plante din strat stau prea înghesuite, se va face simțită lipsa de aer, iar ele vor începe să putrezească! În special iarba trebuie distribuită în strat subțire pe sol. Lasați mai bine iarba să se usuce un pic înainte de a o folosi pe post de strat vegetal protector.

În săptămânile de vară caracterizate de umezeală trebuie să distribuiți numai un strat vegetal subțire, dat fiind că sub straturile vegetale groase încep să se ascundă mulți melci. Mai bine reînnoiți stratul vegetal de câteva ori pe an.

Această imagine a unei culturi mixte unde s-a aplicat un strat vegetal protector, vă arată că „pătura" vegetală de pe sol nu trebuie să arate neapărat dezordonat. Puteți folosi și iarbă pentru stratul vegetal protector.

Ce se poate folosi pentru stratul vegetal protector

La început, grădinarilor li se poate părea că este destul de greu să găsești îndeajuns de multe plante pentru a putea acoperi toate suprafețele libere. Dacă sunteți puțin atent și exersați un pic veți descoperi rapid peste tot plante pentru aceste „pături" pentru sol.

- **Iarba** există aproape peste tot. Aveți grijă să nu existe și semințe de la diverse ierburi. Puteți folosi iarba ușor ofilită peste tot prin grădină.
- **Frunzele** cad în special toamna. Cu ajutorul lor se formează un humus ușor acid, bun pentru căpșuni, zmeură, mure, agrișe, coacăze, pomii fructiferi, dar și ca strat vegetal sub gardurile vii sau tufișuri.
- **Scoarța de copac** se descompune încet și ajută la formarea de humus acid. Este potrivită pentru căpșuni, toate tipurile de fructe de pădure, garduri vii și pentru cărări.
- **Paiele** se descompun foarte încet; se folosesc în special pentru căpșuni.
- **Materiale amestecate** trebuie mărunțite mecanic sau de mână, înainte de a fi folosite ca un strat din scoarță de copac. Se recomandă, de exemplu, folosirea vrejurilor de la mazăre, a resturilor de la legume, flori ofilite, ierburi, crenguțele tăiate de la gardul viu etc. Puteți folosi acest amestec printre răsadurile de legume și în grădina de fructe.
- **Urzica** poate fi un excelent strat vegetal protector pentru toate plantele din grădină. Tăiați planta în bucăți de 10-20 cm.
- **Frunzele de brustur negru** stau la baza unui strat vegetal protector special și sănătos, potrivit pentru toate soiurile de roșii. Puteți să folosiți frunzele și pentru alte straturi de legume sau să le amestecați cu urzica și resturile de legume.
- **Frunzele de roșii** se pot pune la cuiburile de roșii. Folosiți lăstarii pe care i-ați copilit și tulpinile pe care le scoateți la sfârșit de vară.

Avantajele stratului vegetal protector

- Sub un strat vegetal pământul rămâne pentru mult timp umed, afânat și la o temperatură potrivită, chiar și în săptămânile toride de vară. **Astfel trebuie să greblați și să udați mai rar.**
- Materialul organic amestecat este preluat de către vietățile din sol și transformat constant pe loc în humus. **Astfel trebuie să folosiți mai puțin îngrășământ.**
- Atmosfera caldă și umedă, dar și aerisită conferă microorganismelor și râmelor un mediu propice. În urma activității intense a bacteriilor, ciupercilor și a altor vietăți minuscule din sol se produce mult dioxid de carbon care iese la suprafață datorită structurii afânate a solului. Plantele preiau în acest caz substanțele de care au nevoie în procesul de fotosinteză prin stomatele aflate pe spatele frunzelor. Cantitatea mare de dioxid de carbon este motivul pentru care plantele care cresc peste un strat vegetal protector au parte de o creștere sănătoasă și puternică. **Astfel nu trebuie să vă mai faceți atât de multe griji în privința dăunătorilor și a bolilor.**
- Economisiți timp și bani dacă folosiți straturi vegetale protectoare. **De asemenea, ele opresc creșterea buruienilor**. Vietățile din sol preiau misiunea de a săpa, afânând solul.

Culturi mixte – cum învecinăm corect plantele

În natură veți descoperi peste tot principiul învecinării plantelor: la marginea pădurii, pe câmpiile sălbatice, sau pe lângă calea ferată cresc împreună anumite plante. Se orientează în funcție de condițiile biotopului lor. Și se pot învecina foarte bine unele cu altele. În natură nu există zone unde să existe o singură specie. Natura preferă o multitudine de plante care se pot adapta, pentru că ești mai puternic, atunci când nu ești singur! Bineînteles că nu putem să luăm aceste plante sălbatice și să le aducem în grădina noastră, pentru că grădinarul este cel care decide ce plante dorește în grădină. Însă este indicat ca atunci când sădiți plantele să luați în calcul cum puteți învecina cel mai bine plantele și să încercați să aveți culturi cât mai variate. Prin culturile mixte evitați, ca în cazul rotației culturilor, să lăsați pământul gol. Conform acestei metode, schimbul sănătos nu are loc într-un interval lung de timp de la 3 până la 5 ani, ci se produce rotația „pe loc", pe un singur petic de pământ.

Cultură mixtă împotriva dăunătorilor și a bolilor

Plante	Dăunători/Boli
Morcovi-Ceapă	Musculița morcovului și musca cepei
Fasole-Cimbru	Purici negri
Usturoi-Căpșuni	Făinare
Crăițe-Pătrunjel	Nematozi
Pelin-Afine	Rugină

Culturile mixte susțin o creștere sănătoasă. Învecinarea sănătoasă a plantelor are un efect benefic asupra creșterii plantelor.

Învecinări demonstrate

Planificarea culturilor mixte nu se produce accidental. Ea se bazează pe analize ce s-au desfășurat de-a lungul deceniilor. Unele învecinări provin din grădinile de la țară, unde și-au demonstrat eficacitatea de-a lungul secolelor. Din astfel de experiențe, grădinarii bio învață că unele soiuri de legume se influențează benefic reciproc sau că altele blochează creșterea celorlalte. Învecinările corecte influențează așadar calitatea întregului rod. Cercetările științifice au arătat că excrețiile rădăcinilor, precum și mirosurile joacă un rol important. Straturile care fac parte din culturi mixte sunt, la început, destul de populate. Perioada de coacere trebuie însă astfel planificată, încât soiurile timpurii să le lase spațiu și plantelor care cresc pe o perioadă mai lungă de timp. Dat fiind că rândurile de plante sunt pline, pământul rămâne în umbră și umed. Buruienile nu mai au loc pe unde să iasă. Din experiență, culturile mixte bine planificate au un rod bogat și sănătos.

Culturile mixte care țin departe dăunătorii

Plantele nu se influențează reciproc numai când vine vorba de creștere sau de formarea aromei, ci, în unele combinații, ele reușesc să se și spele reciproc de dăunători și boli.

S-a demonstrat buna învecinare între ceapă și morcovi. Cele două plante se feresc reciproc de musculița morcovului și de musca cepei.

Orice grădinar bio ar trebui să se folosească de această posibilitate inteligentă de prevenție.

Foarte răspândită este o combinație folosită de multă vreme încoace, și anume „clasica" cultură mixtă între morcovi și ceapă. Aceste două plante se feresc reciproc de musculița morcovului și de musca cepei. În locul diverselor soiuri de ceapă, puteți planta și praz sau arpagic, drept „partener" pentru morcovi și carote. În afară de această combinație cunoscută, mai există și altele bune, în care plantele se feresc reciproc de dăunători. Călțunașul, de exemplu, ține departe afidele. Cimbrul plantat pe margine ferește cultura de fasole de puricii negri. Usturoiul și arpagicul previn apariția bolilor fungice, precum mana. Plantați puțin usturoi sau arpagic între căpșuni sau pe lângă pomii fructiferi. Recomandabil este să plantați câteva crăițe. Rădăcinile acestor flori frumoase eliberează o substanță care omoară nematozii. Cu ajutorul unui covor de flori puteți să „decontaminați" grădina, în cazul în care dăunătorii s-au răspândit. Ei afectează căpșunile, pătrunjelul și spânzul. Gălbeneaua (Calendula) are efecte asemănătoare. Pot fi amestecate cu crăițele. În grădina de fructe vă poate ajuta pelinul amar. Puteți să îl plantați pe lângă tufișurile de afine. Această plantă cu un miros intens protejează afinele de rugină.

Astfel de culturi mixte vă ajută să vă mențineți grădina sănătoasă într-un mod natural.

Combinații recomandate

Plante	**Învecinări bune**
Fasole oloagă	Varză, salată, țelină, sfeclă roșie, cimbru
Mazăre	Morcovi, castraveți, dovlecel, salată, varză, mărar
Căpșuni	Ceapă, usturoi, arpagic, salată, spanac
Castraveți	Mazăre, fasole, mărar, salată, praz
Cartofi	Varză, crăițe, călțunaș, mușețel, chimen
Diverse soiuri de varză	Roșii, cartofi, țelină, mangold (sfeclă elvețiană), sfeclă roșie, spanac, salată, praz, mazăre, mușețel, chimen
Salată	Toate legumele și ierburile, cu excepția pătrunjelului și a țelinei
Praz	Morcovi, țelină, roșii, salată, varză, căpșuni
Morcovi	Ceapă, praz, salată, mangold, arpagic, mărar
Țelină	Roșii, fasole oloagă, varză, praz
Spanac	Toate tipurile de legume; o combinație mai puțin „fericită": sfecla roșie
Roșii	Varză, spanac, țelină, cicoarea de frunze, pătrunjel, călțunaș
Dovlecel	Porumb, fasole, sfeclă roșie
Ceapă	Morcovi, sfeclă roșie, salată, căpșuni, mărar, mușețel, cimbru

Combinații pe care ar trebui să le evitați

Planta	**Învecinări nesănătoase**
Fasole	Ceapă, praz, mazăre, fenicul
Mazăre	Fazole, praz, ceapă, roșii
Varză	Ceapă, usturoi, muștar, căpșuni
Salată	Pătrunjel
Roșii	Fenicul, cartofi, mazăre

Metode naturale de a proteja plantele în grădina bio

Nu trebuie să protejați plantele doar tratându-le. Atunci când o plantă se confruntă deja cu o boală, ne putem aștepta la intervenții costisitoare. Prevenția este o mișcare mai inteligentă și care te scutește de cheltuieli. Puteți preveni apariția unor boli severe, dacă eliminați problema de fond. În următorul capitol veți afla care sunt măsurile preventive pe care le puteți lua.

Precauție și prevenție

În grădina biologică, măsurile preventive joacă un rol important. „Grădinarii bio” acționează după următorul principiu: pe un sol sănătos cresc și plante sănătoase. De aceea i se acordă o atenție specială humusului. În plus, există o mulțime de rețete speciale și de mijloace, care trebuie aplicate la momentul potrivit.

Acumularea de experiențe

În principiu, vorbim de măsuri foarte simple, care feresc plantele de dăunători. Ele îndeplinesc regulile naturii. Orice persoană care își dedică timp pentru a observa cu atenție perioadele de creștere și de înflorire din grădina sa, ajunge singur să „adune” aceste cunoștințe. Poate că ar trebui să ne bazăm mai mult pe ochii și urechile noastre și să analizăm o dată critic toate obiceiurile noastre. Încercați chiar dumneavoastră sfaturile provenite din principiile biologice și aveți încredere în propriile dumneavoastră experiențe! Foarte important: aveți mereu răbdare. Deciziile luate într-o clipită poate că vor da rezultate pe termen scurt, însă, în general, după aceea vă veți confrunta cu un șir de efecte secundare.

Alegerea locului și a soiurilor

Puteți evita unele daune și stări de dezamăgire, dacă de la bun început alegeți acele soiuri care se potrivesc cu clima și cu condițiile impuse de sol în grădina dumneavoastră. Merii au nevoie, de exemplu de un sol umed și, dacă este posibil, și de umiditate în aer. În zonele călduroase și uscate vor crește mereu nesănătos și vor rămâne constant expuși anumitor boli. Pe de altă parte, trandafirii iubesc soarele. Numai în locuri calde și libere își vor etala adevărata splendoare a florilor. La umbră, trandafirii sunt sensibili la infecțiile fungice.

Când cumpărați semințe sau plante, aveți grijă să alegeți soiuri care sunt rezistente la boli. Plantarea „aerisită” previne, de asemenea, infecțiile fungice. Dacă le plantați îngrămădit, creați astfel mediul perfect pentru răspândirea bolilor fungice. La bază, plantele au aceleași caracteristici precum oamenii: cei care se hrănesc corespunzător și au o atitudine în consecință și care în mod regulat fac mișcare în aer liber, ajung să dezvolte o rezistență proprie destul de puternică. Și plantele care cresc în solul corespunzător, care nu sunt tratate cu îngrășământ în exces, dar care nici nu sunt „înfometate”, ei bine, aceste plante vor crește sănătos și ajung să dezvolte rezistență. Într-un astfel de mediu, dăunătorii ar avea parte de vremuri grele, ceea ce înseamnă că se vor duce către alte plante mai slăbite, cu care se vor „descurca” mai ușor. Bolile și dăunătorii se răspândesc mai ales acolo unde sunt atrași de lucruri vulnerabile. De aceea, creșterea pe căi naturale a plantelor este pe termen lung cea mai bună metodă de prevenție.

Să nu vă fie teamă de dăunători!

Se pare că cele mai mici vietăți crează cea mai mare teamă în rândul grădinarilor. Abia ce apar câteva afide pe bobocii de trandafiri sau câțiva purici negri pe cireș, că se și începe cu stropitul. Mulți grădinari care doresc să își ferească plantele de boli, nu își dau seama că în aria lor de „interes" există atât inamici, cât și „prieteni": odată cu afidele mor și buburuzele, larvele muștii-de-voal, precum și alte vietăți utile. Atunci când inamicii naturali sunt exterminați, atunci urmașii acestora, și mai rezistenți, vor avea cale și mai liberă. De aceea, trebuie să luați măsuri dure numai în situații de urgență. În caz de infestare nu atât de gravă, grădinarii se pot folosi de acele mijloace, care nu sunt dăunătoare celorlalți „locuitori" ai grădinii.

Adversarii naturali

Un rol important în eliminarea dăunătorilor îl joacă nenumăratele vietăți mici, care fac parte din rețeaua ecologică a unei grădini. În afară de cunoscutele **buburuze** și larvele acestora, și larvele **muștei din familia Syrphidae** și a **muștei-de-voal**, precum și **gândacul asasin, viespea parazită, urechelnițele** și **păsările** au în meniu afidele. Orice grădinar „bio" ar trebui să cunoască și să protejeze aceste vietăți.

Delicatele muște-de-voal se hrănesc cu nectar, polen și afide.

Larvele lacome ale buburuzei extermină cantități enorme de afide.

Metode ușoare

Puteți stropi cu un jet puternic de apă pe locurile unde apar afide în număr mare. Este indicat să tăiați lăstarii invadați puternic și să îi distrugeți. Câteodată ajută și un îngrășământ, cum ar fi compostul lichid din urzică sau un îngrășământ lichid pe bază de plante. El ajută la întărirea sistemului de apărare al plantelor atacate. Presărați calcar din alge, praf de piatră sau cenușă de lemn pe plantele afectate. Aceste metode ajută însă numai pe vreme uscată.

Decocturi pentru situații de urgență

Natura vă oferă gratis decocturi pentru stropit, foarte eficiente, fără efecte secundare.

- **Decoct de vetrice:** puneți 300-500 g de plantă de vetrice în floare (*Tanacetum vulgare*) sau 30 g de plantă uscată în 10 l de apă. A doua zi lăsați acest decoct să se încălzească la soare pentru 30 de minute. Strecurați, după aceea, decoctul și stropiți amestecul nediluat peste plantele invadate, precum și pe sol.
- **Decoctul pe bază de ferigă:** din feriga comună (*Dryopteris filix-mas*) și feriga de câmp (*Pteridium aquilinum*) se poate face decoct. Folosiți 1 kg de plantă proaspătă sau 100 g de plantă uscată precum în rețeta decoctului de vetrice. Stropiți cu decoctul strecurat și nediluat. Acționează împotriva afidelor, iar iarna pot fi stropiți copacii cu acest decoct, pentru a-i feri de păduchii lânoși și afide.
- **Ceai de pelin:** opăriți 300 g de plantă proaspătă sau 30 g de plantă uscată în 10 l de apă. Lăsați ceaiul 10-15 minute să se odihnească. După ce s-a răcit, pulverizați-l nediluat, pentru a scăpa de purici.
- **Soluția cu săpun moale:** din săpun moale (pe care îl găsiți în farmacii sau la plafar), puteți face o soluție. În funcție de nivelul de infestare, dizolvați 150-300g de săpun în 10 l de apă fierbinte. După ce s-a răcit, stropiți peste purici cu soluția nediluată.

Atenție: Soluția pe bază de săpun moale nu este toxică, însă pentru viețățile utile fragile, precum larvele muștii din familia *Syrphidae* poate fi fatală!

Urechelnițele se adună în ghivece cu lână de lemn. De acolo pleacă în căutare de purici.

Preparate din comerț

Soluțiile care acționează selectiv, care extermină, de exemplu, numai puricii, sunt soluțiile cu care poate veni natura. Aceste produse reușesc mai ales să ferească viețățile utile. Ele reușesc să reducă populația anumitor insecte, fără a pătrunde în mod distructiv în rețeaua ecologică.

Extractul de neem este, de exemplu, recomandabil. El conține substanța activă numită azadirachtina. Afidele care asimilează această substanță, încetează să mai mănânce. Echilibrul lor hormonal este dat peste cap, de aceea ele nu se mai pot înmulți. Preparatele pe bază de neem nu omoară și viețățile utile și au grijă și de mediu.

După același principiu selectiv acționează și **preparatele pe bază de bacillus thuringiensis.** Ele sunt folosite în special împotriva omizilor albiliței. Pentru majoritatea celorlalte specii de fluturi aceste preparate sunt inofensive. În situații acute de urgență puteți folosi și **preparatele inofensive pe bază de pyrethrum.** Această substanță, obținută din margaretele africane, nu este toxică pentru oameni și animale, dar este mortală pentru purici și alte vietăți cu sânge rece. Din păcate, atacă și vietăți utile precum gărgărița sau musca din familia *Syrphidae*. De aceea, folosiți această soluție numai atunci când situația este cu adevărat gravă, iar celelalte soluții nu mai pot avea niciun efect. Preparatele sintetice pe bază de pyrethrum nu sunt recomandate pentru o grădină biologică!

În majoritatea cazurilor, veți reuși însă să îndepărtați puricii cu ajutorul produselor preparate de dumneavoastră, astfel încât aceștia să nu fie o amenințare pentru recoltele de legume sau pentru straturile de flori. „Extincția" totală nu este nici necesară și nici recomandabilă. Chiar și acești dăunători ocupă un loc important în sistemul ecologic. Cum să își hrănească furnicile puii, dacă nu mai au unde să găseasă nici măcar o afidă?

Frunzele arborelui de Neem sunt folosite de mii de ani în India împotriva dăunătorilor. Preparatele obținute din arborele de Neem s-au dovedit utile și în grădinile bio.

Puteți folosi frunzele de pelin pentru a face un decoct, precum cel de coada calului. Puteți stropi cu ceai sau decoct de pelin, pentru a scăpa de afide.

Cum scăpăm de melci

Melcii fac parte din categoria vietăților dăunătoare care fac mult rău. Ei reușesc să îi aducă la exasperare chiar și pe cei mai pacifiști „grădinari bio”. Aceste moluște vorace se înmulțesc într-un ritm înspăimântător în special în săptămânile ploioase de vară. Limacșii mari, maro, roșii sau negri, sunt ușor de reperat și de strâns de către orice grădinar atent. Pe de altă parte, mai greu de găsit sunt limacșii mici și gri, pământii sau negri. Pe timpul zilei aceștia se ascund în pământul afânat, și ies la „pândă” abia seara. Culoarea lor care îi ajută să se camufleze îi ajută extraordinar împotriva „desconspirării”. Și înainte ca grădinarul să îi descopere, straturile delicate de salată și legume vor fi fost deja „vizitate”. Nici în grădinile biologice nu puteți trece cu vederea astfel de pagube. Există o serie de metode testate care ori alungă melcii din straturi, ori îi atrage în capcane. Toate aceste metode biologice sunt inofensive pentru vietățile utile din grădină. „Iau în vizor” numai melcii.

Planul de combatere al melcilor va da și mai multe roade, dacă veți combina mai multe metode. Eficacitatea substanțelor pe care le presărați, precum și a plantelor care țin departe melcii, variază în funcție de textura solului și de climă. În acest domeniu trebuie să experimentați un pic. Astfel veți afla curând ce se potrivește cel mai bine în grădina dumneavoastră. Doar așa puteți alege dintr-o mulțime de metode.

Aplicați metode preventive – după aceea nu trebuie să stați să căutați

Metodele preventive împotriva melcilor trebuie aplicate foarte devreme:

- La sfârșitul verii sau toamna melcii se împerechează și depun ouăle. Căutați micile biluțe de culoarea perlei și distrugeți-le. Astfel opriți de la bun început înmulțirea.
- La sfârșitul toamnei, ultimii melci își caută culcuș în pământ, folosind găurile deja existente, pentru că ei nu pot face găuri. Dacă smulgeți din pământ plantele rămase și greblați perfect stratul superior al solului, atunci le blocați accesul către ascunzătorile de pe timpul iernii.
- Folosiți numai un strat vegetal protector subțire, pentru ca melcii să nu se poată ascunde

Limacșii spanioli au ajuns să invadeze, pentru că nu au niciun inamic natural. Folosiți toate metodele, pentru a limita înmulțirea!

sub această pătură plăcută, în mediul umed. Este mult mai bine să schimbați mai des stratul vegetal protector.

- Nu udați seara, sistemele de irigare au în special efecte periculoase: dat fiind că melcii sunt activi noaptea, ei vor fi atrași în număr foarte mare de straturile umede.
- Renunțați mai bine pentru o perioadă la stratul vegetal protector acolo unde melcii sunt în număr mare. Greblați în schimb în mod regulat pământul. Astfel împiedicați evaporarea umezelii din straturile solului. Numai stratul superior va rămâne uscat. Astfel plantele vor avea destulă umezeală, însă melcii vor pleca, din pricina faptului că suprafața solului este prea uscată.
- Cultivați în special plante rezistente la melci. Șansa de supraviețuire este mult mai mare pentru plantele cu frunze rezistente. Încercați să plantați fasole oloagă, dalii, cimbru și busuioc.

Vietățile care vânează melcii

Printre vietățile care pot deveni „d-ale casei" într-o grădină bio, există o mulțime de aliați, care pleacă la vânătoare de melci. De aceea, faceți loc pentru **arici, broaște, năpârci și chițcani. Mierlele și graurii** pun, de asemenea, „mâna" pe animalele târâtoare, dacă nu sunt prea mari și pline de nămol. Și **gândacii mari din familia Carabidae**, dar și **licuricii** fac parte din grupul aliaților din grădină.

Gardurile pentru melci crează bariere sigure, peste care aceste vietăți târâtoare nu pot trece. Astfel sunt protejate în special plantele firave de primăvară.

Foarte utili se dovedesc a fi și **melcii mari de livadă**. Ei distrug ouăle celorlalți melci, reducând cu succes înmulțirea pe termen lung. Merită să aveți astfel de vietăți în grădină.

Și **rațele indiene alergătoare** „fac curat" printre melci. Acestor animale foarte utile trebuie totuși să le creați mediul propice, punându-le la dispoziție apă și construindu-le un cuibar.

Plantele care combat melcii

Poate nu o să vă vină să credeți, însă melcii au un miros dezvoltat! De aceea, plantele care eliberează un miros puternic, au capacitatea de a ține departe melcii. Din această categorie fac parte, de exemplu, cimbrul, salvia și cimbrișorul. Și frunzele de ferigă și de roșii pe care le puneți între straturile de legume drept strat vegetal protector, țin departe melcii. Însă aceste metode funcționază cu o anumită limită. Depind foarte mult de condițiile solului și de cele climatice. De aceea, folosiți astfel de plante numai pe post de mijloace suplimentare de combatere.

Garduri pentru melci

Cele mai utile sunt gardurile cu marginile care vin spre exterior, pe care melcii nu se pot cățăra. Elementele individuale ale acestor garduri pentru melci sunt formate din plăci care pot fi combinate în mod arbitrar. Au o durată de viață mare și pot fi mutate. Unele sisteme sunt special concepute pentru răsadnițe. În acest caz sunt ferite plantele tinere, care sunt supuse în special riscului.

Benzi împotriva melcilor

Cine nu vrea să folosească astfel de construcții nu tocmai ieftine, poate apela la soluții mai simple: presărați var, praf de piatră sau cenușă provenită de la lemne în jurul plantelor care prezintă risc. Melcilor, care au pielea moale, nu le plac elementele acide sau caustice ale acestor substanțe. Aceste metode funcționează numai pe vreme uscată. Însă exact pe vreme umedă, când populația de melci este foarte mare, este nevoie să aplicați urgent anumite metode. În aceste situații încercați să folosiți substanțe mai consistente, precum rumeguș, ace de molid sau nisip grosier.

Puteți achiziționa astfel de capcane cu bere din comerț. Capacul se folosește pentru a preveni diluarea conținutului din pricina ploilor.

Puneți capcane și adunați apoi melcii

Pentru a reduce numărul de animale, puteți plasa în mod sistematic capcane. Mulți melci se adună sub plăcile de lemn, sacii umezi, sub frunzele ofilite de rubarbă sau legume, sau fructele înmuiate, deoarece lor le place foarte mult umezeala. Dimineața îi puteți aduna de acolo. Foarte mulți melci ies pe timp de ploaie.

Atunci ar trebui să îi strângeți constant. Gândiți-vă: cu cât îi strângeți mai des, cu atât limitați înmulțirea mai mult!

După aceea le puteți da drumul la o margine de pajiște sau pădure, pentru că acolo nu fac rău nimănui. Nu trebuie să râdeți sarcastic, atunci când auziți de astfel de metode pacifiste. Dacă vorbiți serios când vine vorba de „protejarea vieții", lucru cel puțin valabil la dumneavoastră în grădină, atunci ar trebui să încercați să evitați pe cât se poate de mult metodele și mijloacele care se dovedesc a fi mortale pentru vietăți.

Și metoda cu **capcane cu bere**, care între timp a devenit foarte populară, este mortală pentru melci. Însă măcar grădinarii nu trebuie să omoare melcii cu mâna lor. Printre răsadurile „preferate" de melci se îngroapă la nivelul solului păhărele de iaurt și se umplu în proporție de 2/3 cu bere. Melcii sunt atrași ca prin minune de mirosul de malț și hamei. După aceea se înneacă în băutura ademenitoare. Distanța dintre nivelul de bere și marginea paharului joacă un rol important: numai atunci când melcii trebuie să se „aplece" mult, își pierd echilibrul și cad în groapa umedă. Dezavantajul acestor capcane cu bere este acela că, în anumite condiții, pot atrage și alți melci. Trebuie să curățați constant capcanele. Adăugați conținutul paharului la compost. Pe timp de ploaie, este important să acoperiți capcana cu un mic „acoperiș", pentru a nu se dilua conținutul. În comerț se găsesc capcane complete, cu sistem de acoperire.

Momeala ecologică pentru melci

În situații de urgență, puteți folosi un nou tip de momeală pentru melci, care este ecologică și nu este dăunătoare vietăților utile din grădină. Preparatul „Ferramol" conține compuși naturali ai fierului, în special fosfat de fier. Micile bucățele de culoare albastră sunt rezistente la ploaie, fiind utile așadar și atunci când ies mulți melci. Efectul constă în faptul că melcii care mănâncă din momeală, nu mai pot asimila hrana. Se retrag în ascunzătorile lor și mor. Aricii, păsările și animalele de casă nu sunt puse în pericol din pricina momelii. Această substanță este testată și aprobată de Insitutul Biologic Federal de la Braunschweig.

Ce ne învață melcii

Orice măsură de protecție ați lua, gândiți-vă și la faptul că și melcii ocupă un rol important în sistemul ecologic. Ei au grijă să descompună plantele intrate în putrefacție sau animalele moarte. Ei se ocupă cu „eliminarea deșeurilor" în natură și au grijă în felul lor să păstreze curățenie în mediul înconjurător. Ghinionul grădinarului este că melcilor le mai plac și frunzele delicate de salată.

Mulți oameni tratează cu dezgust melcii. Într-o după-amiază umedă, după ploaie, ei ar trebui să stea și să observe – complet imparțial – un melc roșu. Elegant și calm, își vede de drum, ținând antenele ridicate. O imagine liniștită, desfășurată parcă cu încetinitorul, antonimul agitației noastre. Nu ar trebui să aplicăm și noi metode mai calme în grădină?

Șoarecii de câmp – invazia de sub pământ

Nu există niciun leac minune împotriva rozătoarelor lacome, care devorează rădăcinile legumelor, plantelor și pomilor fructiferi și care pot nimici întreaga plantă. Cu toate acestea, există o serie de măsuri care dau roade și pe care le puteți folosi cu succes împotriva șoarecilor de câmp.

Cel mai sigur este să combinați metodele. Gestionați problema, dacă este posibil și cu vecinii, pentru ca animalele să nu poată fugi în grădinile învecinate, iar de acolo să se întoarcă într-o noapte și să facă prăpăd.

Măsuri de protecție

Zgomote și vibrații

Această metodă este foarte simplă și dă roade. În locurile expuse, înfigeți bare de fier. Loviți cu putere cu un ciocan în aceste bare, de mai multe ori pe zi. Pentru aceste rozătoare sensibile, zgomotul și vibrațiile produse sunt foarte neplăcute. Este important ca grădinarul să fie răbdător și perseverent. Loviți zilnic cu ciocanul timp de câteva săptămâni, la anumite ore, de exemplu dimineața și seara. Astfel îndepărtați atât șoarecii care vor să se întoarcă, precum și pe cei noi.

Mirosuri pătrunzătoare

Foarte neplăcute pentru nasurile sensibile ale șoarecilor de câmp sunt mirosurile puternice, mai ales atunci când le direcționați către „spațiul lor de locuit".

Pentru a scăpa de șoareci, este nevoie de anduranță și perseverență.

Șoarecii rod rădăcini, tuberculi și bulbi de flori – spre supărarea grădinarilor.

Puneți în coridoare frunze de nuc, crenguțe de tuia sau capete de hering. Sau turnați prin orificiile dinspre exterior un decoct nediluat de soc.

Și părul oamenilor răspândește un miros neagreat de șoareci. Luați de la frizer o pungă plină cu păr de la bărbați – de preferat care să nu fie parfumat sau vopsit. Umpleți cu păr toate orificiile făcute de șoareci, pe care le puteți repera. Șoarecii se retrag din acele zone, unde miroase puternic a „inamicul om". Cu cât perseverați mai mult în utilizarea acestei metode, cu atât mai mult succes veți avea.

Plante care țin șoarecii departe

Coroana imperială și usturoiul țin departe șoarecii datorită mirosului puternic. De asemenea, și laptele-cucului (*Euphorbia lathyris*) și limba-câinelui (*Cynoglossum*) ajută parțial împotriva rozătoarelor. Cu toate acestea, există șoareci care nu se mai feresc de usturoi, ci le mănâncă cățeii fără nicio reținere. Evident că și obiceiurile șoarecilor depind de comportamente!

Redirecționare

Puteți aplica această stratagemă, plantând topinambur (nap-porcesc), la marginea straturilor de plante din grădină. Șoarecilor le plac foarte mult acești tuberculi. Vor fi astfel distrași de la celelalte culturi din grădină și vor putea fi prinși mai ușor între tulpinile de topinambur.

Nimeni nu vânează șoarecii la fel de hotărât precum un motan. El are grijă ca rozătoarele să nu poată prelua controlul în „grădina lui".

Capcane

Astfel de construcții speciale există de multe generații de grădinari încoace. Ele trebuie puse totuși cu îndemânare. Acestea acționeză fără milă și cu efecte mortale.

Motani eficienți

Nu toate pisicile au curajul să prindă șoarecii de câmp. Un motan curajos este însă cea mai eficientă metodă împotriva rozătoarelor, care au tendința de a se înmulți rapid! El nu renunță niciodată și pleacă mereu hotărât la vânătoare.

Bolile fungice au mai multe fețe

Printre cele mai răspândite probleme în rândul plantelor se numără bolile fungice extrem de variate. Ciupercile dăunătoare își găsesc locul pe frunzele și fructele plantelor. Intră în țesuturi și distrug în interior. Cele mai periculoase ciuperci sunt cele care supraviețuiesc peste iarnă pe stratul de frunze uscate, de unde primăvara infectează din nou plantele. Ciupercile se răspândesc cel mai bine în condiții de căldură și umezeală.

Primul și cel mai important pas: prevenția

Un loc aerisit, un spațiu îndeajuns de mare sub plante și utilizarea echilibrată a îngrășământului, care ajută la formarea de țesut puternic constituie deja măsuri profilactice împotriva infecțiilor fungice. Orice măsură care ajută la prevenirea apariției unor boli este mult mai eficientă decât oricare alte măsuri ulterioare luate cu scopul de a combate, și care nu mai pot decât să limiteze pagubele produse.

În grădinile construite după principii biologice, plantele care prezintă risc de îmbolnăvire, ca de exemplu roșiile, căpșunile și trandafirii, sunt stropite deja cu fiertură de coada– calului, ca metodă preventivă. Această plantă sălbatică are un conținut bogat de acid silicic. Astfel ea întărește celulele plantelor. Și astfel sporii ciupercilor nu mai pot pătrunde așa ușor. Există și decocturi de plante împotriva infecțiilor fungice care au în special efect profilactic și fac plantele mai puternice.

Făinarea nu atacă numai mazărea, ci și castraveții, trandafirii, agrișele și merii.

Cele mai importante infecții fungice

- **Făinarea** este o boală cauzată de diverse ciuperci. Agenții patogeni sunt „specializați" pe anumite plante. Stratul alb, făinos, care se poate răspândi pe frunze, flori sau fructe și apare, de exemplu la trandafiri, nemțișor (*Delphinium*), castraveți, căpșuni sau agrișe. Sporii acestei ciuperci iernează între lăstari. Făinarea este o ciupercă ce se răspândește pe timp de vreme caldă, cu aer înnăbușitor și când umiditatea aerului este ridicată. Aveți grijă ca plantele care prezintă risc de îmbolnăvire să fie într-un spațiu aerisit și însorit. Evitați folosirea excesivă de îngrășământ, ce face ca țesuturile să devină moi. Un efect profilactic îl au fierturile naturale, precum cea de coada-calului sau cea de usturoi. Aveți grijă la soiurile rezistente la făinare. Tăiați și distrugeți părțile plantelor afectate de făinare. Astfel puteți limita răspândirea infecției. În comerț se găsesc soluții biologice eficiente, care ajută la eliminarea făinării.

- **Ciupercile care cauzează putregaiul cenușiu** (*Botrytis*), sunt foarte răspândite în grădină. Le plac foarte mult condițiile de umezeală și țesuturile moi. Ciupercile care cauzează putregaiul cenușiu fac parte din categoria paraziților secundari! Agenții patogeni se găsesc în stare latentă peste tot! Devin periculoși, numai atunci când găsesc condiții optime. „Semnul distinctiv" al acestei ciuperci este reprezentat de un strat de mucegai pe frunze, flori sau fructe. Plante vulnerabile la această ciupercă sunt, de exemplu, căpșunile, castraveții, roșiile, ceapa, plantele cu bulbi și bujorii. Un efect profilactic îl au și condițiile bune de creștere. Deja ați câștigat o bătălie, dacă dispuneți de locul și condițiile solului potrivite. Evitați folosirea în exces a îngrășămintelor. Pentru plante mai puternice puteți folosi fierturi de coada-calului sau preparate pe bază de alge. Un efect benefic îl au și praful de piatră sau culturile în care este inclus și usturoiul. Util în cazul căpșunilor este un strat de paie așezat sub ele, pe care căpșunile stau uscate și ferite. Tăiați mereu la timp părțile afectate ale plantelor, pentru ca infecția să nu se poată răspândi. În mod normal, în grădinile bio nu este nevoie de soluții mai puternice.
- **Rugina** este cauzată de ciupercile care determină această boală și sunt foarte variate. Pentru a se dezvolta, multe dintre ciuperci au nevoie de o plantă intermediară, pe care pun stăpânire între timp. Caracteristice acestor infecții fun-

Ciupercile sunt deseori „invadate" de putregaiul cenușiu, atunci când fructele ajung să intre în pământ din pricina vremii ploioase.

Rugina nalbei este foarte răspândită. Caracteristice sunt petele maro de pe partea inferioară a frunzei, și petele galben-maronii de pe partea superioară a frunzei.

gice sunt, după cum spune și numele, petele de culoare ruginie sau roșiatice de pe frunze. Foarte răspândită este **rugina trandafirului.** Din pricina acestei infecții, plantele sunt puternic afectate. **Rugina nalbei** și **rugina coacăzului** sunt, de asemenea, infecții răspândite. Sunt recomandate în special măsurile profilactice. Foarte important este să tăiați și să distrugeți regulat frunzele afectate.

- **Mana tomatelor** (*Phytophthora infestans*) atacă în special cartofii și roșiile. Infecția atacă la început frunzele, care prind rapid o culoare neagră-maronie. Roșiile capătă pete de culoare maro, iar în final fructele putrezesc. Pe tuberculii cartofilor apar pete de culoare gri deschis. Sub acestea, fructele capătă o culoare roșu-maronie, iar apoi putrezesc. Din pricina riscului mare de infectare, nu plantați roșiile lângă cartofi și invers. Un efect profilactic îl au fiertura de coada-calului, preparatele pe bază de alge sau praful de piatră presărat. Alegeți soiuri care sunt rezistente la boli! Toate părțile infestate ale plantei trebuie să fie tăiate constant și distruse.

În lunie de vară când este răcoare și umezeală, răspândirea manei tomatelor este ca și programată. Puteți să feriți roșiile împotriva acestei boli, numai dacă le plantați în seră sub folii sau într-un loc ferit de ploaie, pe lângă un perete al casei

Remedii naturale

Folosind coada-calului proaspătă sau uscată – cea din urmă se găsește în comerț – puteți face ușor o fiertură.

Fiertură de coada-calului

Puneți 10 litri de apă peste un kg de plantă proaspătă sau 150 g de plantă uscată. Lăsați amestecul să se odihnească timp de 24 de ore și aduceți-l la fierbere a doua zi. Ea trebuie să fiarbă la foc mic încă o jumătate de oră. După aceea, lăsați-o să se răcească și strecurați decoctul. Diluați lichidul cu apă în proporție de 1:5 și stropiți plantele și solul cu această soluție, în diminețile însorite. Trebuie să faceți acest lucru de mai multe ori, la un interval de 14 zile. Aplicați de la începutul primăverii aceste metode preventive.

Soluție cu ceapă și usturoi

Puteți ajuta plantele să capete rezistență și folosind ceapă sau căței de usturoi, bogați în sulf. Amestecați în 10 litri de apă aproximativ o jumătate de kg de ceapă proaspătă și câțiva căței de usturoi, până când devin o compoziție omogenă. Diluați cu apă această compoziție, în raport de 1:10 și stropiți plantele cu ea. Puteți preveni apariția infecțiilor fungice, plantând în culturile mixte și usturoi.

În comerț puteți alege între mai multe preparate biologice, cu care puteți stropi plantele, pentru a preveni apariția unor astfel de infecții fungice.

Mica grădină de legume

Înainte de a lua sapa și pliculețele cu semințe, ar trebui să vă gândiți ce plante ați dori în grădină. Schițați un plan simplu și împărțiți după aceea grădina dumneavoastră „de consum", astfel încât să puteți avea constant o privire de ansamblu asupra culturilor dumneavoastră de legume, ierburi și fructe.

Primele răsaduri de primăvară

Dorul de primul fir verde de iarbă este puternic în ultimele săptămâni de iarnă. Plantele încolțesc și încep să crească, însă numai aolo unde există condiții de căldură și umezeală. Toți grădinarii care vor să facă deja ceva, pot să îi dea peste nas vremii de iarnă: aduceți primăvara sub folii transparente, pentru a o ajuta să vină mai repede!

Pe pervaz

Există multe posibilități de a crea condiții optime pentru primele răsaduri. Foarte rentabile sunt micile sere pe care le puteți construi pe pervazuri. Ele sunt formate din mici ghivece și o folie transparentă de plastic. Puteți umple ghivecele cu un amestec de pământ cu nisip și puteți planta legume sau flori. Aveți însă grijă să găuriți bine recipientele, pentru ca apa să se poată scurge bine.

Și mai practice sunt ghivecele pentru pepinieră, pe care le puteți umple cu pământ și pune unul lângă celălalt sub folia de plastic. Puneți 2-3 semințe în fiecare recipient. Mai târziu, veți putea replanta cu ușurință aceste plante puternice, cu multe rădăcini.

Puteți planta ierburi aromatice, precum hasmațuchi, mărar și busuioc. Foarte repede și ușor cresc roșiile, dovleceii și castraveții. Dar și florile de grădină și de balcon se dezvoltă repede, în cazul în care cresc într-o cameră călduroasă de copii.

În locul miniserei, puteți, bineînțeles, folosi și cutii pentru răsaduri, recipiente sau ghivece pentru flori. Trebuie să folosiți, de asemenea, un amestec de pământ cu nisip. Pentru ca semințele să încolțească mai repede, puneți un panou de sticlă peste cutii sau ghivece. Puteți transforma ghivecele în mici sere, dacă puneți o pungă de plastic transparent deasupra. Infigând în ghiveci două fire îndoite, al căror arc să formeze o cruce, vă veți asigura că folia de plastic care se va încălzi, nu se va „prăbuși". Fixați „construcția" cu un elastic.

Puteți crește multe plante într-un loc cald din casă. Plantele cresc foarte puternice, atunci când sunt plantate individual.

Toate recipientele pentru răsad trebuie să stea pe un pervaz încălzit și luminat, însă care poate fi păstrat și umed, în același timp. Sub acest înveliș se creează un climat cald-umed, în care plantele vor încolți rapid. Primăvara vine și mai repede în cutiile care sunt încălzite cu ajutorul unei serpentine de încălzire. Atunci când plantele mai cresc, trebuie să le aerisiți mai des, pentru ca ele să devină mai puternice.

Răsaduri timpurii și tunel de folie

Puteți crea condiții la fel de bune și afară, în grădină. Buna răsadniță construită chiar de dumneavoastră asigură un climat plăcut. Bălegarul de cal va fi cel care va „încălzi" pământul. Folosiți un pachet pe care îl veți fi pus deja în toamnă, la 20-30 de cm sub stratul de humus.

Primele dumneavoastră salate pot crește și sub tuneluri de folie. Din folie de plastic și arcuri de oțel puteți construi o „carcasă" care poate să acopere un rând întreg. Pe laterale asigurați construcția cu plăci și pietre

Foarte important pentru a avea succes: mențineți permanent pământul umed, iar pe timp de vreme bună nu uitați să aerisiți. Sub foliile transparente care se încălzesc rapid, crește riscul de pagube provocate de arsuri. Feriți de razele soarelui în special salata, lăptuca, ridichile, gulia și ierburile.

Sera

Visul oricărei persoane care practică grădinăritul ca hobby este să aibă o seră adevărată. În acest caz izolarea bună este foarte importantă, altfel factura pentru căldură va crește amețitor. Dar și solariile ce sunt încălzite numai de razele soarelui de primăvară pot fi folosite în diverse scopuri. Atunci când plantele crescute de propria mână sunt mutate în grădină, în ele vor prospera legumele sudice: roșii, castraveți și dovlecei.

Tunelul de folie protejează primele răsaduri de primăvară. În zilele însorite trebuie să aerisiți!

Primele răsaduri pe pământ liber

În zonele cu climă blândă puteți pune la punct primele straturi de la jumătatea lunii martie, iar în cele cu o vreme mai mohorâtă, începând cu aprilie. O condiție este să nu mai fie îngheț. Pământul trebuie să fie uscat și ușor încălzit. Primele plante pe care le puteți sădi sunt pătrunjelul, spanacul, ceapa și castraveții. Pe vreme uscată nu trebuie să uitați să le udați. Nu fiți nerăbdători, culturile de primăvară încolțesc mai încet.

Tipuri de salată pentru toate cele patru anotimpuri

Salata este o plantă simplă, cu multe frunze, ce poate crește peste tot prin grădină „pusă pe lângă ceva". Este o sursă de vitamine și o crudități cu gust bun.

Din salata cu frunze simple de pe vremuri, producătorii au creat noi soiuri care mai de care mai variate. Având culori puternice și încrețituri diverse, aceste salate sunt o adevărată priveliște – atât în grădină, cât și pe masă. Foarte recomandate sunt vechile soiuri, care se dovedesc a fi foarte puternice și care au o creștere sănătoasă.

Grădinarii pricepuți se pot folosi de această ofertă și pot planta soiuri de salată, astfel încât să se bucure de salată proaspătă pe tot parcursul anului. Primăvara și la începutul verii salata de căpățână este cea care deschide sezonul. La sfârșitul verii și pe timpul toamnei apare cicoarea de frunze, iar toamna și iarna sunt reprezentate de salata de câmp, ce face parte din familia *Valerianella.*

Niciun soi nu este pretențios și este compatibil în culturi mixte. Puteți planta acest „partizan" modest, oriunde mai aveți spațiu liber. În ceea ce privește îngrășămintele, nu vă trebuie decât compost și extract de urzică. Încercați odată combinația pentru cele patru anotimpuri, cu soiuri de salată verzi-albe-roșii:

Soiuri de primăvară

În răsadnițe sau în tunelul de folie puteți planta deja delicata lăptucă „de Arad" sau salata de căpățână timpurie „Maikönig" (Regele de mai, n.tr.). Ele sunt cele care dau primele roduri. Din aprilie până în mai aceste soiuri de salată destinate culturii de primăvară pot fi crescute și pe teren liber. Pentru a forma o cultură

Salata de căpățână face parte din soiurile vechi de salată.

Salata frunză de stejar verde sau roșie poate fi recoltată săptămâni la rând.

mixtă, semănați alături de salată creson și ridichi. Chiar și primele gulii sunt parteneri buni pentru soiurile de salată timpurii.

Soiuri de vară

Din luna mai, când solul este deja încălzit, iar toate plantele sunt în plină creștere, soiurile de salată sunt din ce în ce mai bogate și mai mari. Semănați la o anumită distanță diverse sortimente de salată, astfel nu se va epuiza niciodată „stocul". Soiurile de salată destinate culturii de vară au o frunză puternică, și sunt rezistente la caniculă și la razele soarelui. Nu încolțesc la fel de repede precum delicatele soiuri de primăvară.

- **Salata de căpățână** se găsește sub multe forme. Puteți alege între soiurile tradiționale sau cele noi. Un soi tradițional, dar care se dovedește încă a fi unul excepțional este salata de căpățână de vară „Cora, Dena". Dintre noile soiuri amintim salata „butterhead" „Mona" și soiul rezistent la făinare „Dolly". Soiuri foarte rezistente și cu un gust plin sunt reprezentate de salatele roșii și maronii. Putem planta în continuare salata semănată chiar și de generațiile bunicilor, și anume „Brauner Trotzkopf" (salata maronie, n. tr.). Acest soi face căpățâni mari cu frunze verzi ondulate, maronii pe margine. Succesorii acestui sortiment au o culoare mult mai intensă. Acestea ies în evidență în grădină, prin culoarea purpuriu maronie, de o intensitate mare. Dacă doriți un sortiment de salată de căpățână de vară cu o culoare roșiatică, atunci veți putea alege în comerț între „Merveielle des quatre Saisons" sau „Roxy".
- **Lăptuca** o puteți planta și pe margini, pentru a înfrumuseța aranjamentul din grădină. Aceste plante cresc precum frunzele de spanac. Au căpățâni mici și pot fi cultivate săptămâni la rând. Culegeți mereu cele mai puternice frunze. Plantele continuă să crească săptămâni la rând, dacă știți să le protejați „inima". Un soi de salată de vară târzie, de un verde-maroniu cunoscut este „Salata americană". Noile soiuri foarte atractive, care aduc o verietate în grădină, dar și în

Salata cu frunze crocante (sau salata iceberg) „Great Lakes" face o căpățână puternică.

Soiul „radicchio" vă poate oferi bucuria gustului de salată și spre sfârșit de an. Frunzele acestui soi de salată au un gust ușor amărui și aromat.

meniu sunt „Lollo rossa", o salată foarte creață, de culoare roșu-maroniu, cu rozetele rotunjite, sau salata frunză de stejar, care iese în evidență prin frunze roșiatice sau de un verde-gălbui ce amintește de un buchet de frunze de stejar. „Baby leaf" este un hibrid obținut din mai multe soiuri de salată de culoare verde sau roșie.

- **Salata cu frunze crocante (salata iceberg)** este un soi de salată rezistent, destinat culturii de vară, cu căpățâni foarte mari. Caracteristice acestui soi de salată sunt frunzele crocante cu nervuri albe și fragede. „Nabucco" este un soi nou, în timp ce salata iceberg „Laibach" face parte din vechile soiuri.
- **Salata romană** este un soi de vară cu căpățâni alungite, formate din frunze verzi și crocante. Poate fi folosită la salate sau fiartă precum legumele. Pentru bucătăria italiană, „Goodison" este un soi apreciat din spațiul mediteranean.

Soiuri de toamnă și iarnă

Pe timp de vară sau la început de toamnă plantați pe solul recoltat soiuri de salate ce vor constitui sursa de vitamine toamna și iarna.

- **Cicoarea de frunze:** Cicoarea face căpățâni alungite și cărnoase, ce pot fi cultivate la sfârșit de toamnă. Ca și în cazul andivelor, cicoarea este rezistentă la frig, însă nu la îngheț. Pe timp de iarnă, plantați cicoarea în răsadniță sau în pivniță, în nisip umed. Cicoarea trebuie semănată din iunie până la jumătatea lunii iulie, în rânduri, la o distanță de 35 cm. Dat fiind că cicoarea este greu de transplantat, păstrați distanța de 30-35 cm. În afară de compost, această plantă mai are nevoie de încă puțin îngrășământ organic și extract de urzică, pentru a avea putere să facă căpățâni puternice. Un sortiment din sud este cicoarea de frunze roșie, cunoscută și sub numele de „radicchio". „Roșu de verona" este un soi din cele vechi. Această salată de iarnă face căpățâni mici, de un roșu închis, ce arată precum un trandafir pe jumătate înflorit. La sfârșit de toamnă, tăiați plantele aproape de sol. După aceea, le cresc rozete puternice, care suportă și iarna în

Salatele din soiul „Jeti" de andive pot fi cultivate pentru mult timp, dacă sunt protejate cu o folie.

Pe vreme fără zăpadă puteți cultiva salată de câmp până la început de an.

regiunile cu o climă mai blândă. În regiunile cu îngheț, ele trebuie acoperite sau crescute în răsadnițe. Un nou soi, „Palla Rossa", nu mai are nevoie de scurtare a lăstarilor și face căpățâni mai mari. Însă acest soi nu este rezistent pe timp de iarnă. În cazul în care nu se produce îngheț, Palla Rossa poate fi cultivată din octombrie până în decembrie. Mai sigură este cultura în răsadnițe, unde plantele pot fi ferite de frigul aspru. Semănați cicoare de frunze de la începutul lunii iunie până la jumătatea lunii iulie. Distanța între rânduri trebuie să fie de 25 cm. Plantele trebuie scurtate la 10-20 cm. Este recomandat să folosiți puțin îngrășământ.

- **Andivele:** La începutul lui august trebuie să transplantați andivele. În cazul în care nu ați sădit această salată sănătoasă din familia cicorii, atunci puteți să mai găsiți plante tinere la magazinele de specialitate. Lăsați o distanță de 25 x 30 cm între plante, pentru a permite căpățânilor să crească foarte puternice. Cel mai bine este să umpleți găurile făcute pentru a le planta cu un compost fin și să le udați la sfârșit foarte bine. Atunci când plantele au crescut, puneți-le și un pic de extract de urzică. Soiurile „clasice" sunt „Eskariol, verde" și „Eskariol, galben"; printre noile soiuri se numără „Jeti" și o varietate de cicoare creață, foarte densă. Sortimentele galbene de andive sunt delicate și nu țin mult; cele verzi sunt mai „dure" și mai rezistente; ele suportă chiar și înghețuri ușoare. La sfârșit de toamnă, acoperiți căpățânile cu folie, putând astfel să mai recoltați salată pe pământ liber. Înainte ca înghețul puternic să se instaleze, scoateți rădăcinile de andive și replantați-le în pivniță, în nisip.
- **Salata de câmp:** salata de câmp rezistă foarte bine pe timp de iarnă, și o puteți planta pe rânduri sau puteți împrăștia semințele pe o porțiune de sol goală. Puteți alege între soiurile cu frunza alungită sau soiurile cu frunza rotunjită. Soiurile clasice sunt: salata de câmp verde închis, plină sau salata de câmp olandeză, cu frunza lată. Salata de câmp cu frunza lată poate fi curățată mai ușor, soiurile cu frunza mai mică, de culoare verde închis sunt mai aromate la gust. Salata de câmp este o bună sursă de vitamina C și fier. Poate fi cultivată pe pământ liber și pe timp de iarnă și crește și acoperită de zăpadă. Acoperiți-o înainte cu crenguțe de molid. De asemenea, este practic să plantați salata direct pe solul gol. Ea poate fi cultivată și la fereastră, fiind astfel și ferită, și ușor de cules.

La sfârșitul verii trebuie să aveți grijă ca răsadurile și plantele tinere să fie constant umede. Acoperiți porțiunea dintre rânduri cu iarbă sau cu buruieni mărunțite, pentru ca solul să nu se usuce rapid. Soiurile tardive de salată completează ciclul și reprezintă pentru dumneavoastră o sursă de vitamine pe timp de iarnă.

Morcovii și ceapa – perechea ideală

De generații întregi de grădinari ceapa și morcovii se plantează împreună pe aceeași brazdă. Aceasta este o cultură mixtă clasică, de care aproape oricine a auzit măcar o dată. Experiența ne-a arătat că aceste două legume se dezvoltă foarte bine împreună. Este foarte important și aspectul legat de combaterea dăunătorilor: fiecare dintre cele două plante o apără pe cealaltă de musculița morcovului, respectiv de musca cepei. Acest mecanism natural funcționează numai atunci când condițiile o permit. Este o greșeală care s-a răspândit peste tot, să credem că numai cultura mixtă poate să țină departe cele două specii de musculițe. Grădinăritul practicat după principiile biologice funcționează numai atunci când anumite măsuri sunt integrate în rețeaua ecologică!

Însă această mică „limitare” nu ar trebui să vă oprească din a încerca această cultură mixtă. Din contră, această combinație este ideală pentru grădinile mici. Puteți varia în diverse moduri. Astfel puteți planta, de exemplu, soiuri mai timpurii de morcovi alături de hașmă sau ceapă verde, în timp ce soiurile tardive de morcovi, care sunt recoltați și depozitați abia la începutul iernii, se pot combina bine cu prazul. Prazul și ceapa fac parte din aceeași familie (*Allium*). Într-o grădină mică chiar și arpagicul poate prelua rolul cepei. Alături de două rânduri de carote delicate și rotunde se creează o minicultură mixtă, ce reprezintă o sursă de vitamine pe timp de primăvară.

Morcovii

Această plantă leguminoasă, foarte sănătoasă și bogată în betacaroten este rezistentă și crește bine aproape peste tot. Mai presus de orice este important ca solul să fie afânat, pentru ca morcovii să îl poată străpunge cu rădăcinile pe care le formează. Un sol nisipos este mai potrivit decât unul argilos. Morcovul este un consumator mediu, ceea ce înseamnă că are nevoie de o cantitate medie de substanțe nutritive. Puțin compost și o cantitate mică de îngrășământ cu conținut de oxid de calciu, cum ar fi cenușa de lemn, sunt de ajuns pentru a pregăti brazda. Nu folosiți niciodată bălegar proaspăt pe post de îngrășământ, pentru că veți atrage astfel larve, prin urmare și musculițe care ar putea face rău! O brazdă de morcovi trebuie să fie într-un spațiu liber, pe cât posibil; de asemenea, nu trebuie să îi semănați prea înghesuit. O cultură aerisită

Morcovii și ceapa constituie o cultură mixtă, recomandată în grădină.

înseamnă că veți putea feri plantele de boli și de dăunători. Puteți „păcăli" musculița morcovului și musca cepei, dacă semănați plantele foarte devreme sau foarte târziu. Evitați astfel perioada în care începe zborul insectelor, „furându-le" astfel șansa de a depune ouă pe rădăcinile morcovilor. Prima generație de musculițe de morcov încep de la sfârșitul lunii mai și continuă până la jumătatea lunii iunie să caute un loc bun unde să depună ouăle. Cea de-a doua generație apare pe la jumătatea lunii august. Morcovii care prezintă galerii făcute de larvele musculiței de morcov nu trebuie lăsați pe brazdă sau aruncați în grămada de compost. Altfel larvele iernează și vor fi deja acolo în primăvara următoare.

Dat fiind că morcovii sunt rezistenți la frig, îi puteți semăna încă din martie. Semințele încolțesc încet, de aceea este indicat să semănați împreună cu ele și semințe de ridichi, care cresc imediat. Așa veți recunoaște care sunt rândurile de pe brazdă și veți putea săpa sau curăța de buruieni fără probleme. Trebuie să scoateți mai târziu plantele care sunt prea înghesuite. Morcovii au nevoie de o distanță de 3-5 cm, pentru a se dezvolta corespunzător. Puteți planta ultimele răsaduri cu soiuri tardive pentru recolta de toamnă-iarnă până la sfârșitul lunii iunie. Amestecați mereu printre semințele de morcovi și câteva semințe de mărar. S-a demonstrat că acestea pot crește foarte bine împreună.

Soiuri clasice

Un soi clasic timpuriu este morcovul „Mercado de Paris", un morcov dulce și rotund. Din soiurile mijlocii face parte „Nantes", un alt soi clasic, precum și „Rotin". Printre soiurile tardive de iarnă se numără morcovul lung, morcovul roșu uriaș, precum și „Juwarot", un morcov sănătos, foarte bogat în betacaroten.

Mențineți umiditatea straturilor de morcovi. Folosiți numai puțin strat vegetal protector, pe care să îl schimbați des. În prima etapă de creștere este nevoie de puțin îngrășământ, pentru a stimula creșterea. Morcovii care cresc în condiții naturale și unde se folosește puțin compost au un gust dulce și plăcut.

Morcovii cresc drept și sănătos într-un humus afânat.

Culegeți ceapa într-o zi cu soare, atunci când frunzele s-au uscat.

Ceapă, praz și arpagic

Vecinii sănătoși și cu un gust iute-aromat ai morcovilor cresc în diferite condiții. Ceapa are nevoie de aceeași bază precum sfecla roșie; ea are nevoie de compost și de un îngrășământ cu conținut de oxid de calciu, cum ar fi cenușa de lemn, însă în cantități moderate. Ceapa nu suportă un îngrășământ pe bază de azot! De aceea nu folosiți, pentru ceapă, bălegar sau extract de urzică!

Prazul este ceva mai pretențios; acestei legume sănătoase îi place foarte mult un sol afânat și plin de substanțe nutritive, pregătit bine cu puțin compost și îngrășământ natural.

Tipuri variate de ceapă

În cazul cepei, puteți alege între soiuri și sortimente foarte diverse. Plantați **ceapa de salată** din aprilie, la o distanță de 10 cm, apăsând-o pe lat în pământ, Din ea se formează alte cepe mari. **Hașmele** pot fi plantate în aceeași perioadă. În jurul cepei „mamă", hașma formează alte cepe de mărime mică sau medie, cu un gust delicat.

Ceapa poate fi plantată foarte timpuriu, de la jumătatea lunii martie. Semințele mici încolțesc încet. Mai târziu, puteți scoate micile plante din locurile unde au crescut prea îngrămădit și le puteți folosi în bucătărie pe post de condiment. Din pământ scoateți și **ceapa verde** care trebuie consumată proaspătă. Pe lângă diversitatea formelor, când vine vorba de ceapă puteți alege și între diverse culori. Astfel există soiuri de ceapă galbenă sau purpurie sau soiuri de ceapă de primăvară, de culoare albă sau roșie. Puteți găsi soiuri precum „Andrana", „Stuttgarter Risen" și „Enigma". În afară de hașma de culoare galbenă, de obicei fără un nume special, puteți procura și soiuri speciale, precum „Red Sun" (cu foaia de culoare roșie) sau „Golden Gourmet".

O curiozitate o reprezintă ceapa egipteană. În vârful tijei lungi, adică al așa numitului „etaj superior" formează bulbi. Acești bulbi pot fi folosiți la gătit sau pot fi replantați.

Hașmele dezvoltă un cuib de cepe de mărime medie, ce ies în evidență printr-un gust plăcut.

O specialitate din grădina bunicii este ceapa egipteană.

În ceea ce privește îngrijirea, niciun soi de ceapă nu este pretențios. Solul trebuie să fie mereu afânat și curățat de buruieni. Atunci când săpați, trebuie să aveți grijă să nu săpați direct bulbii. În momentul în care tijele cepei încep să se îngălbenească și să se culce la pământ, atunci cepele sunt coapte. Cepele se culeg precum hașmele, în zilele uscate de vară târzie sau pe timp de toamnă. Lăsați cepele să se usuce în aerul proaspăt, de preferat una până la două zile. După aceea curățați-le de resturile de pământ și agățați cepele în casă, prinse în mănunchi sau cu cozile împletite. Peste iarnă, păstrați recolta de ceapă într-un loc uscat, nu prea călduros.

Prazul

Pentru recolte timpurii, semănați praz în răsadnițe începând cu luna martie sau pe pământ liber începând cu luna aprilie. Semănați soiurile tardive din mai până în iulie. Soiurile „Alutus" și „Blauwgroene Winter" fac parte din cele clasice și se găsesc în continuare în comerț. Plantați răsadurile subțiri în șanțuri adânci la o distanță de 15 cm între ele, cu o distanță de 20-25 cm între rânduri. Scurtați un pic frunzele subțiri și rădăcinile prea lungi. Turnați de mai multe ori fiertură de urzică. Treptat, ridicați pământul în jurul prazului. Astfel, prazul face o tulpină albă și frumoasă.

În zonele cu o climă blândă această legumă poate rămâne în pământ și pe timp de iarnă și poate fi cultivată oricând. În zonele friguroase este indicat să mutați plantele în răsadnițe sau într-un loc ferit, pentru a le proteja de îngheț.

Arpagic & Co.

Cel mai cunoscut condiment este arpagicul. Această plantă cu bulbi poate sta foarte bine la marginea stratului de morcovi. Deoarece conține substanțe similare cu ceapa mare, se poate combina în culturi mixte cu sfecla roșie. Veți afla mai multe despre arpagic la pagina 81, în capitolul „Mica grădină de ierburi aromatice".

Prazul este o legumă de iarnă sănătoasă și plină.

Ceapa de tuns este o varietate interesantă și gustoasă a arpagicului simplu. Tijele dure se dezvoltă de-a lungul anilor într-un tufiș stufos, foarte rezistent pe timp de iarnă.

Arpagicul chinezesc este un hibrid din arpagic și usturoi. Tijele fine ale acestui tip de arpagic miros a usturoi. În comerț veți găsi soiurile „Sperlings Knolau" și „Wagners Kobold".

Bucurii sănătoase ale familiei cepei

Membrii „familiei cepei” sunt bogați în uleiuri eterice, bogate în sulf. Aceste plante aparțin celor mai vechi categorii de plante medicinale sau folosite pentru gătit sau plante aromatice; de aceea, merită să o plantați chiar și în grădinile mici.

Usturoiul

Usturoiul este una dintre cele mai vechi plante aromatice și medicinale din lume. De mii de ani acesta este cultivat în Asia, precum și în țările din zona mediteraneană. Carol cel Mare l-a comandat încă din jurul anului 812 d.Hr. pentru culturile de pe domeniul său. Aceste cepe cu o aromă pătrunzătoare au o acțiune antibacteriană; de asemenea, usturoiul are o acțiune benefică asupra circulației, precum și a funcționării intestinelor.

Usturoiul crește cel mai bine într-un loc însorit, într-un sol afânat, bogat în humus. Folosiți numai compost pe post de îngășământ – prea mult azot strică usturoiul! Plantați căței de usturoi în martie/aprilie la o distanță de 15 cm și la o adâncime de 5 cm în sol. Toamna, când frunzele s-au îngălbenit, puteți să culegeți căpățânile. Depozitați-l la fel precum ceapa, într-un loc uscat. Recomandabile sunt soiuri precum „Rose de Lautrec”, cu cățel de culoare roz și un gust ușor sau usturoiul uriaș (*Allium ampelporasum*), care este aproape la fel de mare ca și o ceapă normală.

Usturoi înflorit, aflat într-o cultură mixtă alături de alte legume.

Drăgălașele flori ale arpagicului sunt comestibile!

Leguminoase pentru toate gusturile

Leguminoasele tinere – crocante și totuși delicate – fac parte din categoria bucuriilor delicate de vară. Și, culese proaspete din propria grădină, au un gust incomparabil de bun. Fasolea nu are cerințe prea mari în ceea ce privește solul. Nu are deloc nevoie de îngrășământ. Din contră: cu ajutorul anumitor bacterii, leguminoasele dezvoltă pe rădăcinile lor mici noduli cu azot. Ele lasă astfel substanțe nutritve în sol, pentru culturile ce vor urma.

Toate tipurile de leguminoase au nevoie de căldură. Boabele se strică, dacă sunt plantate prea devreme, în pământul umed și rece. În funcție de condițiile climatice și de zonă, atât fasolea oloagă, cât și fasolea urcătoare trebuie semănate de la începutul până la jumătatea lunii mai. În perioada iunie-iulie mai puteți semăna fasole, cu scopul de a avea o recoltă pe perioada toamnei.

Boabele trebuie puse numai la 2-3 cm adâncime în sol. Importantă este distanța corespunzătoare, pentru ca toate plantele să se poată dezvolta cum trebuie. Este nevoie numai de compost pe post de îngrășământ. Niciodată nu trebuie să folosiți îngrășământ pe bază de azot la fasole; altfel aroma va avea de suferit, iar borcanele se vor deschide la scurtă vreme după ce ați fiert fasolea în ele. Solul stratului pe care este plantată fasolea trebuie să rămână la fel de umed peste tot. Cel mai bine este să acoperiți solul cu un strat subțire de iarbă. Pe o brazdă normală de legume de 1,5 m au loc trei rânduri de fasole oloagă. Cea mai practică este o cultură mixtă, în care plantați și sfeclă roșie, gulie sau salată. La marginea unei brazde de fasole este bine să plantați mereu cimbru; mirosul aromat ține departe puricii negri de fasole! În plus, este practic să aveți mereu la îndemână o plantă aromatică pe lângă fasole.

Familia fasolei este foarte variată; alegeți între diversele variante foarte gustoase.

Fasolea urcătoare este foarte rodnică, având teci lungi și puternice. În această imagine sunt prezentate soiurile pline de tradiție, „Blauhilde" și „Nekarkönigin".

Fasolea oloagă

Această fasole pitică are cele mai mici pretenții în ceea ce privește spațiul. Ajunge la o înălțime de aprox. 30-40 cm, crește sub forma unei tufe rotunde și poate fi folosită chiar pentru a împrejmui o brazdă.

Fasolea oloagă are nevoie de o distanță de 40 cm între plante.

Există fasole oloagă verde sau fasole oloagă galbenă, foarte spornică, potrivită pentru salate. O delicatesă pentru cunoscători este fasolea fideluță verde, o plantă foarte delicată!

- **Soiuri de fasole verde:** „Saxa" – este un soi tradițional și viguros, „Delinel" – fasole fideluță franțuzească, delicată, „Primel" – fasole franțuzescă timpurie
- **Soiuri de fasole galbenă:** „Aura" – un soi vechi, tradițional, „Goldstern" și „Berggold" – soiuri noi de fasole productivă.
- **Soiuri de fasole violetă:** „Purple Teepea" – tecile rotunde se coc peste frunze.

Sfaturi legate de recoltă

- Culegeți tecile de fasole cu ambele mâini, pentru a nu le rupe
- Gândiți-vă că o îngrijire corespunzătoare însemnă o recoltă ce se întinde de-a lungul a săptămâni întregi! Culegeți plantele numai pe vreme uscată.
- Tecile de fasole oloagă proaspăt culese sunt potrivite pentru salate sau pentru o mâncare de fasole. Din fasole urcătoare puteți face ciorbă sau mâncare. Fasolea mare are cel mai bun gust, atunci când o folosiți la un ghiveci tradițional de legume.
- Atunci când tecile sunt coapte, aveți grijă la copii: Teaca crudă de fasole conține o toxină numită Phasin; este interzis să mâncați fasolea crudă!
- Atunci când vara aduce cu ea o recoltă bogată de fasole, puteți să congelați pur si simplu tecile, să le fierbeți, să le marinați (fasole sărată) sau să le uscați.

Fasole urcătoare

Aceste plante cățărătoare nu au nevoie de mai mult spațiu decât soiurile de fasole oloagă; însă pe un teren mic, tijele lungi se dovedesc a fi mai degrabă deranjante. Însă într-o grădină mai mare merită să puneți araci, deoarece fasolea urcătoare este foarte productivă. Tecile obținute de la fasolea urcătoare sunt mai mari și mai pline decât cele ale fasolei oloage.

Pentru a ajuta fasolea urcătoare să crească, aplecați doi araci de 2 m înălțime unul înspre celălalt, pentru a imita forma unui cort și prindeți-i la capetele superioare.

- **Soiuri de fasole verde:** „Verba" un soi vechi, excepțional, foarte productiv, „Mombacher Speck" – un soi tradițional timpuriu
- **Soiuri de fasole galbenă:** „Aurie de Bacău" – un soi tradițional, rezistent
- **Soiuri de fasole violetă:** „Violetă de Iași" – un soi tradițional neîntrecut, la fierbere tecile de un violet închis devin verzi.

Fasole mare

În zone cu un climat foarte rece, cresc cel mai bine soiurile de fasole mare. Aceste soiuri de fasole, care înfrumusețează grădina cu flori de un roșu aprins sau alb se urcă pe araci la fel de bine precum pe garduri sau pe grilaje de balcon.

Fasolea mare trebuie culeasă atunci când este încă tânără și fragedă, dacă doriți să o consumați proaspătă; mai târziu, teaca devine tare și „ațoasă". Atunci lăsați tecile să se coacă bine și culegeți boabele mari, pestrițe.

- **Soiuri:** „Preisgewinner" este un soi cu floare roșie, care crește chiar și în zone cu climat mai aspru. „Weisse Risen" este, de asemenea, un soi tradițional și rodnic.

Varza – masivă sau delicată

Strămoșul tuturor soiurilor variate de varză de acum a fost probabil o varză simplă sălbatică, care creștea pe coasta Oceanului Atlantic. A rezistat la vremea dură, furtunoasă din acele regiuni și a dovedit că este foarte rezistentă.

Chiar și în Grecia și Roma antică, oamenii plantau diverse soiuri de varză în grădinile lor. Istoricul Plinius prețuia în mod special grădinarii care cultivau varză, considerând că sunt niște oameni prudenți!

Cato cel Bătrân (în jurul anului 200 î.Hr.) considera că varza este „cea mai bună legumă". Și avea un motiv întemeiat: este extrem de gustoasă și are un conținut bogat de vitamina C și de uleiuri eterice, bogate în sulf. În plus, varza mai conține multe minerale și oligoelemente. Nu degeaba varza se numea în secolele trecute „doctorul sărmanilor"!

Plantarea și aplicarea îngrășământului

Puteți planta singur fără nicio problemă orice soi de varză. Important este să alegeți momentul potrivit de a planta varza în răsadnițe sau în grădină. Fiecare soi are atât variante timpurii, cât și tardive. În afară de gulie, toate celelalte soiuri de varză fac parte din categoria legumelor care au nevoie de multă energie pentru a se dezvolta; varza are nevoie de un sol bogat în humus și substanțe nutritive, precum și de îngrășământ din abundență și de un nivel constant de umezeală pentru a se putea dezvolta. Pentru varză folosiți compost, îngrășământ cu un conținut bogat de azot, precum și extract de urzică.

Niciodată nu plantați verzele prea aproape una de cealaltă. Această legumă trebuie să se dezvolte într-un spațiu „aerisit"; în cazul în care locul este strâns, iar solul este neafânat, riscurile cauzate de boli și dăunători cresc. Pentru a ține departe albilița, alegeți roșiile sau țelina, pentru o cultură mixtă alături de varză. Mirosul puternic al acestor legume este deranjant pentru acești fluturi, „progra-

Pentru grădinile mici alegeți soiuri de varză care au loc și în spații înghesuite.

Gulia are nevoie de puțin loc. Poate fi plantată peste tot pe unde mai este loc.

mați" să caute mirosul de varză. Dacă atunci când plantați varza, adăugați puțin calcar din alge în fiecare scobitură, preveniți apariția temutei hernii a rădăcinilor de varză.

Niciodată nu trebuie să plantați muștar pe brazda pe care veți planta varză, deși o astfel de tehnică se dovedește a fi foarte practică pentru alte culturi. Cele două plante nu au o influență prea bună una asupra celeilalte!

Soiuri de varză pentru brazdele mici

În ciuda tuturor calităților – varza are căpățâna mare și este o plantă pretențioasă. Dacă grădina dumneavoastră nu este prea mare, alegeți în fiecare an numai unul sau două soiuri de varză, care chiar se vor putea face mari. Următoarele scurte descrieri ar trebui să vă ajute să găsiți acele soiuri care se potrivesc cel mai bine în grădina și pentru bucătăria dumneavoastră.

Gulia

„Tuberculii" delicați, care, de fapt, reprezintă o parte îngroșată a tijei, nu au nevoie de o brazdă proprie. Puteți planta gulia în foarte multe locuri din grădină, la marginea altor straturi de legume. În locul în care, în urma recoltării, se formează un spațiu gol, puteți planta gulii. Din primăvară până în vară este posibil să semănați și să plantați din nou gulii. Pentru primele răsaduri, plantate în solare sau sub folie, cele mai potrivite soiuri sunt „Blaro" sau „Azur-Star", ambele de culoare violet. Mai târziu soiurile de vară și de toamnă, rezistente la căldură cresc mai bine. Din această categorie fac parte vechile soiuri „Goliat", albă sau violet, precum și „Albastru de Iernut". Însă este interesant să încercați și noul soi „Superschmelz", poate ajunge să cântărească mai mult de 5 kg, dacă este îngrijită cum trebuie, și totuși rămâne fragedă și suculentă.

Broccoli

Această varietate delicată de conopidă, face parte din categoria delicateselor din grădină. Din „crenguțele" ramificate cresc constant noi plante, care se aseamănă cu inflorescența conopidei. Puteți recolta luni de zile broccoliul; el suportă chiar și un îngheț la câteva grade minus. În cazul în care recolta este prea bogată, puteți pune broccoli și la congelator.

Broccoli este foarte potrivit pentru grădinile mici. Perioada de recoltare durează luni de zile până când dă înghețul.

Semănați broccoli din aprilie până la începutul lunii iunie pe pământ liber. Micile plante vor fi după aceea plantate la o distanță de 40-50 cm pe terenul pe care l-ați ales pentru cultura de broccoli. Verificați des, dacă există ouă sau omizi ale albiliței pe aceste plante – și luați-le, cel mai bine imediat! Tăiați buchețelele de culoare albastru-verzui cu tulpină delicată, atâta timp cât bobocii nu s-au deschis încă. Pe vreme călduroasă, broccoliul înflorește repede! Soiuri recomandate sunt „Calabrese" și „Inspiration" – un nou soi cu o mulțime de inflorescențe delicate, folosite în bucătăria chinezească.

Varza creață

Această varză de frunze este o legumă de iarnă. Se seamănă în mai sau iunie, iar mai târziu se replanteză pe brazdele recoltate la o distanță de 40 x 40 cm. Acest soi de varză sănătos și plin de vitamine este mai puțin pretențioasă decât cele cu căpățână. Înainte de a culege varza creață, frunzele crețe și lunguiețe ale acesteia trebuie să treacă de un îngheț zdravăn. Varza creață poate rămâne afară pe toată durata iernii și poate fi oricând culeasă. Printre vechile soiuri bune se numără „Frumoasa Marilena", precum și soiul cu frunze subțiri „Lerchenzungen". „Redbor", este unul din soiurile noi, cu frunze crețe, de un roșu-violet.

Varză de Bruxelles

Aceeastă varietate delicioasă de varză este, de asemenea, o legumă de iarnă. Semănați însă varza de Bruxelles încă din luna aprilie, pentru că micile plante trebuie să fie deja replantate până în iunie. Distanța trebuie să fie de 50 x 50. Varza de Bruxelles are nevoie de o perioadă lungă de dezvoltare. În septembrie trebuie să rupeți toate vârfurile, pentru ca toată forța să se îndrepte către fructe. Și acest soi de varză poate rămâne afară pe timp de iarnă. Recoltați varza de Bruxelles, numai după ce a prins-o primul îngheț. Un soi foarte bun pentru grădină este tradiționalul „Hilds Ideal" dar și Târzie de Amager. Noul soi „Rosella" este de culoare roșiatică.

Varza creață este o legumă de iarnă. Soiul „Redbor" cu frunze roșii aduce un strop de culoare în grădina de legume.

Varza de Bruxelles este o sursă bogată de vitamine, pentru o masă sănătoasă.

Castraveții – legume răcoroase, care iubesc căldura

Abia la sfârșitul Evului Mediu castraveții din sud au început să se răspândească și în clima aspră de la nord de Alpi. Astăzi, castraveții sunt o prezență atât de constantă în grădinile și bucătăriile noastre, de parcă ar fi o cultură locală. Însă în săptămânile ploioase și reci de vară, aceste plante „de loc din India" continuă să ducă dorul locurilor „natale".

Deși generații de grădinari au crescut diverse soiuri de castraveți care să se acomodeze la clima noastră, aceste plante au nevoie în continuare de cât mai multă căldură posibilă. În caz de vreme schimbătoare și de temperaturi care variază foarte mult, castraveții suferă adesea un șoc de creștere. Prin urmare, fructele vor fi amărui și încovoiate. Deci, cine dorește să crească castraveți în climatul lor natural, trebuie să „scoată din pălărie" un pic de climă sudică.

Căldură suplimentară pentru „sudici"

Puteți înteți căldura prin cele mai variate metode. Bineînțeles că brazda de castraveți trebuie să fie poziționată în soare. Cu toate acestea, locul trebuie să fie un pic ferit. De exemplu, castraveții pot fi feriți de vântul răcoros, dacă plantați pe margine mazăre sau porumb dulce. O învecinare bună s-a dovedit a fi cea cu brazda de mărar.

Căldura oferă și un „sistem de încălzire al solului", adică bălegar de cal, pe care îl îngropați primăvara în mijlocul viitoarei brazde de castraveți, la o adâncime de 20-30 cm. Deasupra puneți pământ afânat, amestecat cu compost. Bălegarul încălzește pământul, care primăvara este adesea rece; astfel, castraveții vor încolți mai ușor și mai repede.

Tunelul de folie, răsadnițele, precum și mici sere îmbunătățesc, de asemenea, clima pentru aceste legume din sud.

Castraveții au vreji lungi, care trebuie urcați pe spaliere.

Răsad afară și înăuntru

Castraveții reacționează și mai rău decât fasolea la frigul târziu de primăvară. Puteți să îi plantați în pământ afară, numai atunci când nu mai există pericol de îngheț. Pentru a câștiga puțin avans, puteți pune câteva semințe într-un ghiveci pe pervazul de la fereastră sau în răsadnițe închise.

În mijlocul brazdei de castraveți faceți un pic de deal de pământ, cu o înălțime de aprox. 30 cm. Amestecați humusul cu puțin compost și îngrășământ, cu câteva săptămâni înainte de a planta castraveții.

Dacă vremea este frumoasă, puteți începe să plantați castraveții în grădină din a doua săptămână a lunii mai. Faceți o scobitură în centrul „dealului" de pământ și puneți câte 1-2 semințe la o distanță de 10 cm. Mai târziu, replantați numai cele mai puternice plante la o distanță de 30-40 cm.

Castraveții vor multă apă

Important pentru creșterea sănătoasă a castraveților este umiditatea ridicată. Pe timpul verii, tijele de castraveți fac umbră pământului, menținându-l astfel umed. Spațiile libere trebuie acoperite cu un strat de iarbă sau de buruieni. Udați dimineața devreme sau seara. Este indicat să îndreptați stropitoarea sau furtunul direct către rădăcina castraveților, mai degrabă decât să porniți sistemul de irigare! Pe timp de vreme călduroasă, umezeala de pe frunze poate duce la formarea ciupercilor!

Soiul de castraveți de mărime medie, „Delikatess", poate fi folosit în multe scopuri: în salate sau murați.

Vara udați de mai multe ori plantele cu fiertură de urzică, care trebuie diluată cu apă în proporție de 1:10. Această sursă suplimentară de substanțe nutritive stimulează culturile bogate, pentru că aceste legume suculente au nevoie de multă energie pentru a se dezvolta.

Unii vor să se cațere

Castraveții își întind tijele lungi nu numai pe sol, ci preferă să se și cațere, dacă există această posibilitate. Sus, plantele nu mai sunt la îndemâna dăunătorilor care se târăsc. Pe post de spalier puteți folosi plase simple de metal, așe-

Sfaturi pentru recoltare

Culegeți atent castraveții, folosind ambele mâini, pentru ca vrejii să nu aibă de suferit și să mai poată duce în continuare un alt rând de fructe.

zate ușor înclinat și fixate de stâlpi puternici. Un spalier prea slab nu poate susține povara culturii! Foarte frumoase sunt spalierele din lemn sau bambus, care pot fi construite chiar de dumnavoastră, dacă vă pricepeți. Castraveții care sunt astfel agățați sunt și mai ușor de cules. Iar atunci când plouă, nici nu sunt stropiți cu pământ.

Deoarece castraveții pot face foarte repede făinare, stropiți-i încă de la începutul lunii iunie cu fiertură de coada-calului. Repetați procedeul după 14 zile. Alegând un soi rezistent la făinare, protejați de la bun început planta.

Recoltă bogată și variată

Puteți recolta luni întregi castraveții, pe tot parcursul verii. În funcție de soi și de climă, castraveții se coc de la jumătatea lunii iulie, până la sfârșitul lunii septembrie. Grădinarii și bucătarii au de ales între o varietate de soiuri. **Castravetele „drept"** face fructe drepte, de aceeași lungime și cu o coajă netedă; sunt potriviți pentru salate sau îi puteți conserva. Soiul vechi „Favorit" crește pe pământ liber și se pretează bine pentru conservare. Un **soi bun la toate** este soiul tradițional „Delikatess". Este cărnos și robust. Coaja este mai dură și plină de mici negi. Acest soi de castravete se pretează bine pentru conservare sau îl puteți congela; de asemenea, îl puteți găti sau folosi în salate. Soiurile de castraveți mici, ca de exemplu „Cornișon" este un soi foarte bun pentru conservare. Noul soi hibrid F1 „Colet" este rezistent la făinare și nu este amar.

Soiurile de castraveți mici folosiți pentru conservare sunt foarte productive. Puteți să îi puneți la murat în oțet sau în sare.

Castraveții au foarte puține calorii; sunt bogați în apă și minerale, precum fier, acid fosforic și iod.

Diverse soiuri de dovleci și dovlecei

Noile soiuri de dovlecei oferă rezultate de succes, palpabile și delicioase. Îi puteți vedea cum cresc sub ochii dumneavoastră – la propriu. Nu constituie o problemă nici chiar pentru grădinarii fără experiență. Aceste plante sunt înrudite cu dovlecii, pepenii și castraveții.

Nicio problemă: cum îi creștem singuri

Semințele plate și mari de dovleac se pot semăna ușor. Dacă peste noapte lăsați semințele într-un vas cu apă caldă, ele vor încolți și mai repede. În aprilie puneți semințele de dovleac și dovlecel pe un pervaz unde este cald sau într-o mică seră, iar de la mijlocul lunii mai puteți muta plantele puternice în grădină sau pe balcon.

Puneți mereu două semințe într-un ghiveci. Amestecul de pământ trebuie să fie afânat și ușor nisipos. Mențineți acest răsad la o temperatură și umiditate constante.

La scurtă vreme, frunzele vor străpunge pământul, iar după puțin timp vor începe să se formeze tipicele frunze de dovlecel. Plantele tinere au nevoie de lumină puternică, însă trebuie să le protejați de lumina directă a soarelui. În acest moment trebuie să lăsați numai cea mai puternică plantă să se dezvolte în continuare. Scoateți planta mai slabă, pe care o puteți pune într-un alt ghiveci, pentru a se dezvolta în continuare. Abia la jumătatea lunii mai, când nu mai există pericolul de îngheț pe timp de noapte, puteți muta dovleceii și dovlecii în grădină.

Dovlecii „Hokkaido" sunt foarte aromați și se păstrează pentru mult timp.

Soiurile de dovlecei galbeni au un gust bun – până și melcii știu asta!

Puteți planta soiurile cățărătoare printre fasolea urcătoare sau rândurile de porumb dulce. Un „partener" pentru soiurile de dovlecei ce crește sub formă de tufă este călțunașul.

Cine are de unde alege ...

În comerț puteți găsi o mulțime de soiuri de dovleac. Toți vor crește mari și fără probleme. Un loc călduros și ferit este prielnic pentru ei. Soiurile „necățărătoare" formează la sol tufe cu frunze uriașe. Au nevoie de mult spațiu și trebuie plantate la o distanță de 1m între ele. În gaura pe care o faceți pentru plantă puneți mult compost și îngrășământ organic. Acoperiți solul cu iarbă sau urzică, pentru a-l menține umed. Acești dovlecei suculenți au nevoie de apă din belșug. În perioada principală de creștere trebuie să le puneți de 2-3 ori fiertură de urzică.

Cel mai indicat este să încercați în fiecare an un nou soi. Merită să le încercați pe toate:

- **Dovlecelul verde:** face fructe lungi, cilindrice. Un soi recunoscut este „Diamant". Soiul striat „Striato d'Italia" se aseamănă cu dovlecelul „original" din Italia.
- **Soiurile galbene** sunt productive, au un gust bun însă se strică mai repede. „Gold Rush" este un soi cunoscut de multă vreme.
- **Dovleceii Patison** sunt dovleceii turtiți, de culoare albă. În comerț îi veți găsi sub denumirea „Gistard White". „Sunburst" este un soi de culoare galbenă.
- **Dovlecii Spaghetti** formează tije lungi, de care atârnă fructe galbene, de mărimea unui pepene galben. Se gătesc întregi. Înăuntru, pulpa se desprinde sub forma unor spaghete. În comerț îi găsiți sub denumirea de „Vegetable Spaghetti".
- **Dovleacul de iarnă, în formă de pară** „Early Butternut" se întinde pe sol și face fructe galbene, în formă de clopot/pară. Aceste fructe se păstrează foarte bine. Pulpa este de un portocaliu delicat. Au un gust dulce plăcut și o aromă de nucă. Gustul este mult mai bine definit decât în cazul celorlalte soiuri de dovleci. Trebuie să îl încercați neapărat!
- **„Hokkaido"** este numele unui soi de dovleac rotund foarte apreciat, ale cărui coajă și pulpă au culoarea roșu-portocaliu. Pulpa acestui dovleac are o ușoară aromă de nucă. Puteți utiliza acest dovleac în foarte multe situații și poate fi depozitat fără probleme.

O specialitate ieșită din comun sunt dovlecii spaghetti, ale căror fibre seamănă cu spaghetele.

Roșiile – dificultatea alegerii

Puteți crește roșii singur, fără nicio problemă. În oferta variată de semințe de roșii veți putea găsi și soiuri interesante, pe care nu le-ați întâlni la grădinarii de unde ați cumpăra răsad. Merită să încercați în special varietatea de soiuri vechi, care sunt din nou pe piață.

Semănați singur/ă roșiile

La începutul lunii aprilie, semănați roșiile în recipiente mici. În fiecare recipient puneți 2-3 semințe, acoperiți cu puțin pământ, iar la final, apăsați ușor pământul cu mâna. După aceea adăugați apă călduță, iar în următoarele săptămâni mențineți constant nivelul de umiditate din micile recipiente. Această „grădiniță de roșii" poate fi depozitată pe un pervaz, la căldură, precum și într-o mică seră. Semințele de roșii încolțesc foarte repede. Mai târziu, păstrați în fiecare recipient numai cea mai viguroasă plantă. Pe celelalte le scoateți. Acum aveți grijă ca plantele să aibă parte de multă lumină și aer proaspăt, pentru a putea crește viguros. În momentul în care rădăcinile au prins tot pământul și au luat forma micului recipient, mutați-le într-un recipient mai mare. De la începutul lunii mai puteți muta roșiile într-o răsadniță sau într-un loc ferit în casă, pentru a se „întrema". În timpul serilor reci sau în zile cu vreme urâtă, trebuie să feriți în continuare roșiile, folosind folie sau sticlă.

Sub un tunel de folie roșiile vor fi protejate de frig, ciuperci șu umezeală.

Mutarea roșiilor în grădină

După 20 mai puteți muta roșiile în grădină, în locul lor permanent. Vor crește cel mai bine pe o brazdă foarte însorită. Trebuie să amestecați stratul de pământ unde plantați răsadul, cu compost și îngrășământ organic. Plantați răsadul oblic și cât mai adânc, până la primul nod. Plantele vor face astfel pe tija din pământ și mai multe rădăcini, cu care vor absorbi apa și substanțele nutritive. La final, udați-le cu multă apă. Înfigeți lângă plantă și un arac în pământ, pentru a putea lega roșiile, care de altfel vor crește rapid. Lângă rădăcină plantați oblic un tub în pământ. Apa se va duce prin deschidere direct la rădăcinile roșiilor.

Roșiile se învecinează bine cu țelina, toate soiurile de varză și prazul. Însă aceste combinații au nevoie de spațiu din belșug. Într-o grădină mică, unde doriți să creșteți numai câteva cuiburi de roșii, combinația ideală ar fi cu spanac sau călțunaș, iar pe margine puteți planta pătrunjel sau lăptucă.

Îngrijire „bio"

În iulie este perioada principală de creștere a roșiilor, ce durează până în luna septembrie. În aceste luni, roșiile înfloresc constant, dezvoltându-se noi fructe. Însă roșiile se pot dezvolta cu adevărat, numai atunci când le îngrijiți cu atenție: în această perioadă ele au nevoie de apă, substanțe nutritive și căldură.

În săptămânile răcoroase și ploioase de vară puteți să vă folosiți de o „construcție" cu folie. Înfigeți la marginea brazdei stâlpi zdraveni de lemn, pe care să puneți un cadru de care se prinde folia. Este de ajuns, dacă plantele pot fi ferite de apa în exces cu un sistem de protecție de sus. În același timp, folia transparentă amplifică căldura provenită de la razele soarelui. Fructele vor putea astfel să se coacă până toamna târziu. Pe brazda de roșii trebuie să puneți mereu un strat vegetal protector. Pentru aceasta puteți folosi tot ce provine de la roșii, precum frunze ofilite, lăstari copiliți, dat fiind că acestei plante îi place să trăiască în „atmosfera proprie". Pentru stratul vegetal protector, care menține umiditatea solului în săptămânile caniculare de vară, mai sunt indicate iarba, bălării mărunțite, urzică tăiată, precum și frunze de brustur negru.

Roșiile au nevoie de multe substanțe nutritive. Pe lângă îngrășământul pe care îl aplicați atunci când le plantați, folosiți o dată sau de două ori pe lună îngrășământ lichid, care poate fi absorbit rapid. Pentru aceasta cea mai indicată soluție ar fi fiertura de urzică, care poate deveni și mai eficientă, dacă adăugați și frunze de brustur negru și câteva mâini de îngrășământ organic. Diluați acest amestec cu apă, în proporție de 1:10 și turnați-l direct la rădăcina roșiilor. Puteți vedea după numai câteva zile efectul benefic al acestui amestec, privind frunzele de un verde închis. Din ritualul de îngrijire al roșiilor pe timp de vară fac parte, bineînțeles, și legarea de arac și copilirea. Ceea ce înseamnă că trebuie să rupeți cât de repede posibil toți lăstarii care cresc de la baza frunzelor. Spre sfârșit de vară, la sfârșitul lui august, începutul lui septembrie rupeți toate florile care au mai rămas. Din ele nu se vor mai dezvolta noi fructe și nu fac decât să consume degeaba energia plantei.

Puteți obține din semințe vechile soiuri, precum „inimă de bou", un soi de roșie foarte cărnos.

Soiurile de roșii, pe care le puteți găsi în magazinele de specialitate

Marmande	Un soi cu fructe mari și cărnoase, aromate
Harzfeuer	Soi cu fructe rotunde și aromate; este un soi apreciat în Germania de Est
Roma	Soi cu fructe alungite, în formă de ou, tipic italienești
Balkonstar	Soi ce crește în mod compact, cu fructe de mărime medie; crește foarte bine în ghivece pe balcon
Goldene Königin	Soi de roșii cărnoase, de culoare galbenă, tradiționale
Yellow pearshaped	Soi cu fructe mici, în formă de pară, ideale pentru garnituri
San Marzano	Soi cu fructe în formă lunguiață, de pară
Hoffmans Rentita	Soi rodnic, puteți permite și creșterea lăstarilor
Minibel	Soi de roșie cherry pitică, pentru cultură în ghiveci
Sweet 100 și Sweet Million	Roșii cherry dulci, care cresc pe ciorchini mari

Soiuri vechi

Inimă de bou	Soi de roșie mare și cărnoasă
Tigerella	Soi de roșii care la început sunt verzi, după aceea se fac roșii cu dungi galbene
Roșii prunișoare negre	Soi de roșii ovale, aromate, de un roșu închis spre negru
Roșii piersică	Soi de roșii rotunde, de culoare roșie, cu o pieliță mată, ca de piersică
Roșii frez	Soi de roșii rotunde, delicate, de culoare roșu-rozaliu
Noire de Russe, Roșii negre de Crimeea	Soi de roșii mari și gustoase, de un roșu închis până la negru

Roșiile cherry galbene sunt bune proaspete.

Pentru dezvoltarea sănătoasă a roșiilor și a minunatelor lor fructe roșii este nevoie de: un loc însorit, compost, protecție pentru sol, apă din belșug și îngrășământ organic. Însă merită toată această osteneală, pentru că nicio altă roșie nu va fi la fel de dulce și aromată, precum cea culeasă din propria grădină. Ultimele fructe verzi le puteți aduce în casă înainte să dea primul îngheț; aici puteți să le lăsați să se coacă.

Cartofii cultivați pe cele mai mici suprafețe

Cultivarea cartofilor a fost practicată de către indieni în Imperiul Incaș. Cartofii au fost trimiși din lumea nouă în vechea Europă în 1565, fiind o curiozitate. A durat ceva vreme, până când oamenii din Europa au înțeles că nu se mănâncă fructele verzi pe care planta le face la suprafață, ci tuberculii din pământ. La scurtă vreme, cartofii – care creșteau și în cele mai aride zone – au devenit mâncarea săracului.

Astăzi cartoful nu mai are același statut de legumă neînsemnată – dacă sunt crescuți după principii biologice și sunt preparați corespunzător – cartofii maronii pot deveni o delicatesă chiar și pentru cunoscători.

Preîncolțirea constituie un avantaj

Nu aveție nevoie de un teren mare pentru cartofi, pentru a vedea ce gust au acești tuberculi crescuți chiar de dumneavoastră. Merită ca într-o grădină mică să plantați două rânduri de cartofi, pentru consum propriu.

Este recomandat să plantați cartofi timpurii. Pe aceștia îi veți culege, atunci când în comerț cartofii au un preț foarte ridicat. Au un gust delicat și, de asemenea, veți mai putea folosi brazda și pentru alte culturi ulterioare. Cartofii trebuie să fie încolțiți deja, dacă este posibil, pentru că astfel îi veți accelera perioada de recoltare cu 8 zile. Așezați cartofii, astfel încât cei mai mulți ochi să fie îndreptați în sus. Cel mai bine aranjați fructele într-o lădiță pe care să o puneți la lumină și căldură pe un dulap în bucătărie sau într-un alt loc corespunzător.

Așa plantați cartofii

Nu putem numi o anumită perioadă pentru plantare. Ca o regulă generală, puteți planta cartofii timpurii, atunci când temperatura solului este de cel puțin 7 grade. Grădinarii nerăbdători vor compromite mai degrabă culturile, decât să culeagă ceva. Cartofii plantați într-un sol destul de cald și când vremea este deja plăcută, vor fi mult mai rodnici și vor crește mult mai sănătos decât cei plantați cât mai devreme posibil, care vor suferi de pe urma frigului.

Cartofii au nevoie de spațiu pentru a se dezvolta sănătos, de aceea între rânduri trebuie să existe un spațiu de 40-50 cm. Astfel că pe o brazdă normală de 1,20 m au loc două rânduri. Faceți șanțuri de 5 cm adâncime, în care

Plantați cartofii – dacă se poate bio – în șanțuri adânci, cu o distanță mare între aceste șanțuri.

veți pune cartofii, la o distanță de 30-50 cm între ei. Un cartof de sămânță potrivit ar trebui să aibă 30-60 g. Iar acest lucru este foarte important, pentru că acest mic tubercul trebuie să fie pentru plantă o rezervă de apă și de substanțe nutritive, pe care să le poată folosi în zilele uscate. Un cartof de sămânță viguros este și garanția pentru urmași mulți și sănătoși. Pentru un început bun este indicat să puneți compost în șanțuri și pe post de îngrășământ să presărați așchii de coarne. După aceea acoperiți rândurile cu atenție, folosind grebla. Aveți grijă să nu rupeți colții!

Dacă doriți să aveți o recoltă bogată, atunci trebuie să luați cei mai buni cartofi de sămânță pe care îi puteți găsi. Astfel de tuberculi proveniți din culturi organice sunt, bineînțeles, ideali: sunt recomandați și cartofi din propria grădină. În orice caz, după 2-3 ani trebuie să căutați „sânge proaspăt" și, din când în când, să procurați cartofi din culturi străine. Aprilie este luna ideală pentru plantarea tuturor soiurilor de cartofi. Numai în zonele cu climă foarte blândă puteți planta cartofii încă de la sfârșitul lunii martie. Până la începutul lunii mai, trebuie să fi plantat deja atât soiurile mediu-timpurii, cât și pe cele tardive. În zonele cu climat mai dur, unde pământul rămâne rece și umed pentru o perioadă îndelungată de timp, catofii pot fi plantați până la sfârșitul lunii mai. În momentul în care se încălzește, natura are capacitate de a compensa diferența!

Spațiu pentru vecini „prietenoși"

Intervalul dintre rândurile de cartofi oferă destul spațiu pentru culturile mixte, care mențin solul umed, în umbră, și previn apariția buruienilor. Cartoful se învecinează bine cu spanacul și spanacul sălbatic. O cultură intermediară de chimen sau mușețel îmbunătățește aroma cartofilor. Călțunașul stimulează dezvoltarea cartofilor.

Puteți găsi diverse soiuri de cartofi în culori și forme diferite.

Prevenirea bolilor

Foarte importante sunt măsurile profilactice, dacă doriți să protejați cartofii din grădină împotriva bolilor.

- Cumpărați numai cartofi de sămânță sănătoși.
- Aruncați cartofii cu porțiuni putrede sau cu puncte negre.
- Asigurați-vă că solul este afânat și bogat în humus, pentru o creștere sănătoasă.
- Imediat ce s-au dezvoltat primele frunze, stropiți-i o dată la 2-3 săptămâni cu fiertură de coada-calului, pentru a preveni apariția manei.
- Adunați gândacii de Colorado, precum și larvele acestora.

Fertilizați – prășiți – recoltați

Cartofii au nevoie de un sol afânat, fărâmicios, bine aerisit și bogat în humus. Compostul este îngrășământul ideal pentru cartofi. Îngrășămintele organice precum bălegar putred, așchii de coarne sau resturi de ricin completează bine compostul. Săparea cartofilor ajută la afânarea solului. Însă nu este neapărat necesar. Cartofii cresc foarte bine și în rânduri drepte, în special atunci când acoperiți solul cu un strat vegetal protector, sau cultivați și alte plante în spațiile dintre rândurile cu cartofi.

Dacă însă doriți să săpați cartofii după vechile tradiții, folosind săpăliga, trebuie să aveți mare grijă să nu loviți tuberculii aflați în creștere. Același pericol există bineînțeles și atunci când recoltați cartofii. Ridicați cu atenție cuibul cu ajutorul unei furci, iar în momentul în care infigeți furca în sol, aveți grijă să faceți acest lucru departe de centrul plantei. Cu alte cuvinte: recoltați cartofii cu atenție și nu înfigeți furca în mijlocul cuibului. Cartofii pot fi recoltați, atunci când au coaja bine prinsă. Atâta timp cât îi puteți decoji, cartofii nu trebuie recoltați încă. În cazul soiurilor tardive, coaja uscată este un semn că puteți recolta cartofii.

După ce ați dezgropat tuberculii, trebuie să îi lăsați un pic să se usuce. După aceea trebuie să îi depozitați într-un loc întunecos. În lumină, cartofii capătă pete verzi, care conțin solanină, o substanță toxică!

Dacă nu îi consumați imediat, este cel mai indicat să depozitați cartofii într-o pivniță întunecoasă, puțin umedă.

Soiuri testate

„Agata"	Cartofi timpurii, apreciați de multă vreme pentru grădinile de acasă, formă ovală alungită, coajă și pulpă galbenă, nu se sfărâmă la fierbere
„Cilena"	Soi mediu timpuriu, formă ovală alungită, pulpă galbenă, nu se sfărâmă la fierbere
„Linda"	Soi mediu timpuriu, formă ovală, gust foarte bun, nu se sfărâmă la fierbere
„Bamberger Hörnchen"	Cartofi lungi, cu formă de degete, soi, mediu timpuriu, pulpă galbenă, gust delicios, nu se sfărâmă la fierbere
„Rosella"	Soi mediu timpuriu până la târziu, oval, coajă galbenă, în general nu se sfărâmă la fierbere
„Desiree"	Soi târziu, formă rotundă, mari, coajă de un roșu deschis, pulpă galbenă, făinoși
„Vitelotte noir"	Tuberculi ovali, de cultură târzie, coajă violet închis, pulpă cu inserții violet, nu se sfărâmă la fierbere

Soiuri timpurii sau tardive de cartofi

În orice regiune există soiuri timpurii de cartofi, adaptați la sol și la climă. Dacă puteți procura semințe de la astfel de soiuri vechi de cartofi, atunci trebuie să îi încercați neapărat. Soiuri speciale și vechi de cartofi puteți găsi la distribuitorii speciali.

Mica grădină de ierburi aromatice

O grădină biologică este de neimaginat fără ierburi aromatice. Ele pur și simplu fac parte din peisaj: pentru culturi mixte, pentru fierturile de plante și pentru prevenirea apariției dăunătorilor. Și, bineînțeles, ele își găsesc locul și pe masa „grădinarului bio" care își dorește să ofere familiei sale o masă sănătoasă.

Pentru o grădiniță de mirodenii se găsește mereu loc

Mirodeniile plăcut mirositoare nu pot lipsi dintr-o bucătărie variată. O crenguță de tarhon sau câteva frunze de busuioc transformă un fel de mâncare simplă într-o delicatesă. Toate aceste plante au o aromă deosebită, atunci când le tăiați din grădina dumneavoastră și le folosiți imediat. Buchețelele de ierburi aromatice pe care le găsiți în supermarket stau ore în șir expuse, de aceea își pierd o mare parte din aromă. Toate ierburile aromatice sunt în același timp și plante medicinale. Presărând pătrunjel peste cartofii aburinzi sau pregătind o supă de primăvară de hasmațuchi – oferiți familiei dumneavoastră și un aport de substanțe medicinale. Mâncarea gustoasă și aromată are acțiune profilactică împotriva anumitor boli, precum și un efect benefic asupra tranzitului intestinal, asupra circulației și a sistemului nervos.

Alegeți cel mai bun loc

Veți găsi mereu în grădină un colț pentru mirodenii. Primăvara nu uitați să semănați și aceste plante valoroase. Nu au nevoie de o îngrijire specială și nu au nevoie de aproape niciun fel de îngrășământ. Însă trebuie să alegeți cu atenție locul. Majoritatea ierburilor aromatice pe care le folosim provin din țările călduroase din sud, de la Marea Mediterană. Au nevoie de lumină și soare din belșug, pentru a-și putea dezvolta aromele. De aceea căutați în grădină un loc protejat și însorit pentru ierburile aromatice. Aici se vor simți cel mai bine ierburile „sudice": de exemplu, salvie, cimbrișor, oregano, lavandă, rozmarin, roiniță și măghiran.

Anumite ierburi, care își au originile în Europa Centrală, se pot dezvolta și într-un loc mai umbros. Acestora le priește humusul umed și plin de substanțe nutritive. Din această categorie fac parte menta, măcrișul și leurda.

Îngrășămintele distrug aroma

Solul pe care semănați și plantați ierburile aromatice nu trebuie să conțină prea mult îngrășământ. Bălegarul proaspăt sau îngrășămintele bogate în azot nu au ce căuta în grădinița de ierburi! Tot ce vor face este să stimuleze creșterea peste măsură a frunzelor. Toate substanțele aromatice și vindecătoare nu vor mai fi la fel de puternice.

Cel mai bine, pregătiți solul cu o cantitate normală de compost. Solul din grădinița de ierburi trebuie să fie afânat, iar apa trebuie să poată trece foarte bine prin el. Acestor plante nu le convine umezeala constantă! Vigurosului măcriș precum și tarhonului le puteți aplica un pic de îngrășământ. Folosiți însă numai un îngrășământ organic cu eliberare prelungită, precum așchiile de coarne de vită.

Diversitatea ierburilor aromatice

Plante aromatice anuale și bienale pentru răsadul de primăvară

Imediat ce s-a încălzit solul, puteți semăna primele plante aromatice din pliculețele cu semințe. Pătrunjelul, hasmațuchi și năsturelul nu sunt plante sensibile la frig. Încă din luna martie puteți împrăștia semințele pe rânduri, la o distanță de 15-20 cm între ele.

În aprilie urmează mărarul și limba mielului. Ambele plante au nevoie de mult spațiu. Mărarul crește foarte bine la marginea unei brazde de castraveți. În cea de-a doua jumătate a lunii aprilie puteți pune și semințele de rucola în pământ. În mai, semănați plantele aromatice care au nevoie de căldură: măghiran, cimbru, busuioc și călțunaș. Marcați fiecare răsad cu o plăcuță cu nume, iar în perioada de încolțire mențineți constant nivelul de umiditate. Rupeți plantele din locul unde au ieșit prea multe, putând să le folosiți imediat în bucătărie.

Plantele aromatice perene durează ani de zile

Exact ca în cazul bujorilor, nemțișorilor sau margaretelor, plantele aromatice perene rămân ani de zile în același loc. Ele reprezintă baza unei grădinițe cu ierburi. În momentul în care plantați aceste ierburi, trebuie să pregătiți foarte bine pământul; astfel veți economisi multă muncă pentru următorii ani. Și astfel veți putea să aveți parte de recoltă bună. Plantele perene se dezvoltă constant, nu au nevoie de îngrijire specială sau de efort din partea dvs., și sunt o sursă de condimente și ceai pentru bucătăria dumneavoastră.

Cât afară încă mai este zăpadă, puteți să începeți să semănați înăuntru ierburile aromatice sensibile la frig, precum busuioc sau măghiran.

Alegeți un loc însorit și afânați bine pământul. Un sol umed și greu nu este recomandat pentru niciun fel de plante aromatice. Smulgeți constant buruienile. Astfel o să vă scutiți de nervii pe care o să îi simțiți atunci când veți vedea că rădăcinile s-au încurcat cu cele de piciorul cocoșului, rochița rândunicii sau perișor și când va fi foarte greu să „restabiliți ordinea”.

Acoperiți întreaga suprafață cu mult compost, care nu conține niciun fel de buruiană, dacă acest lucru este posibil. Compost pe care trebuie să îl întindeți pe sol numai superficial, cu ajutorul unei greble. Acest strat de humus este suficient pentru primul an de creștere. Din pepiniere, piețe de flori sau magazinele de specialitate puteți cumpăra plante aromatice perene deja prinse. Oferta din ultimii ani este îmbucurător de variată. Un soi de bază pentru început veți putea găsi în cele mai multe cazuri în zona dumneavoastră. Dacă acest lucru este mai greu de realizat, atunci puteți comanda plantele aromatice de la firmele specializate în distribuirea de plante.

Pentru prima dumneavoastră grădiniță de plante artomatice alegeți între următoarele: leurdă, tarhon, lavandă, roiniță, oregano, mentă, cimbrișor, salvie, măcriș, arpagic și rozmarin.

Distribuiți plantele, pe care le puteți crește în mici ghivecele, în primă fază „superficial", pe brazda pregătită. Imaginați-vă, cât de mari vor crește în 1-2 ani. Luați în calcul și o distanță corespunzătoare, pentru ca plantele să fie în continuare aerisite și să primescă destulă lumină. Câteva exemple vă vor ajuta în acest sens: roinița ajunge la o înălțime de 50-80 cm. Face tufe mari, care rămân compacte. Tarhonul face pe timp de vară tije care ajung la 60-150 cm. Se dezvoltă și în lateral, pentru că pe sub pământ face alte rădăcini. Din leurdă se dezvoltă de-a lungul anilor un covor de plante. Rozmarinul nu trebuie scos din pământ. Acesta rămâne în ghiveci și trebuie lăsat la iernat în casă. Diferența de înălțime între plante este explicată de diferitele condiții în care cresc. Dacă solul din grădina dumneavoastră este bogat în humus, atunci toate plantele, inclusiv cele aromatice, vor crește mai mari. Pe un pământ nisipos cresc mai încet și rămân mai mici.

Regulile plantelor

În condiții meteorologice medii, trebuie să păstrați o distanță de 30-40 cm în toate direcțiile pentru plantele aromatice perene. În primul an, puteți umple spațiile goale cu flori de vară, precum crăițe sau parfumatul *alyssum* dulce. Chiar și ierburile anuale pitice, precum măghiranul pot acoperi solul între plantele perene. În acest caz trebuie să existe destulă distanță între plantele mari, pentru ca și cele mici să se poată dezvolta corespunzător.

După ce ați distribuit ierburile la o distanță potrivită, verificați dacă și înălțimea corespunde. La fel ca în cazul straturilor de flori, și pe

Arpagicul nu este o plantă aromatică pretențioasă. Din aprilie îl puteți planta în grădină sub formă de tufe.

brazda de ierburi aromatice, plantele perene înalte trebuie să fie în spate, iar cele mai mici în față. Puteți afla dimensiunile exacte din descrierile fiecărei plante aromatice, care încep la pagina 81. În momentul în care toate ierburile aromatice au fost distribuite armonios, puteți începe să le plantați. Faceți o gaură cu lopățica de grădină și adăugați o mână de compost. Acum băteți cu palma pe fundul recipientului, pentru ca planta să se desprindă. Scoateți planta cu atenție și puneți-o în gaura săpată. Ea nu trebuie să fie plantată în grădină mai adânc decât era în ghiveci. Acum puneți pământ din toate direcțiile, pentru a umple din nou gaura iar în final bătătoriți cu atenție pământul din jurul plantei, folosind mâinile. În jurul plantei trebuie să existe contact cu solul din grădină, în niciun caz nu trebuie „izolată".

După ce ați plantat toate ierburile, udați-le atent cu apă stătută. Aveți grijă să nu „spălați" pământul de pe rădăcini. Puteți uda cu mult mai multă atenție, dacă folosiți căni mai mici, decât dacă folosiți stropitori grele! Pentru plantele aromatice perene cea mai bună perioadă de plantare este în lunile septembrie și octombrie sau în primăvară, din martie până în luna mai. Plantele care nu rezistă la îngheț, ca de exemplu cimbrișorul, trebuie să le scoateți din ghiveci în zilele călduroase de primăvară. Pentru plantele aromatice perene nu trebuie să sacrificați un loc bun din grădină. Aceste plante arată atât de drăguț, încât le puteți planta pe marginea altor brazde, pe post de plante ornamentale. Puteți planta ierburile perene și printre flori perene sau printre aranjamentele de pietre din grădină. În astfel de locuri sunt potrivite, de exemplu, salvia, oregano, lavanda și cimbrișorul.

Grădină „mobilă" de ierburi aromatice

Dacă aveți un spațiu mic în grădină sau dacă nu găsiți un loc bun, atunci puteți planta anumite ierburi în recipiente, ghivece și găletușe. Plantele cresc minunat lângă un perete însorit al casei – poate chiar lângă bucătărie. Ele pot crește foarte bine și pe o terasă luminoasă sau pe balcon. Puteți semăna în ghivece cu pământ bun, plante precum hasmațuchi, rucola, busuioc, limba mielului, mărar, pătrunjel și cimbru. Dacă au parte de destul spațiu, în ghivece puteți planta și salvie, tarhon, măcriș, cimbrișor, roiniță și oregano. În ghivece mari se simt bine și rozmarinul și lavanda.

În spațiul limitat din ghivece, apa și substanțele nutritive sunt consumate mai repede decât în grădină. De aceea trebuie să udați constant plantele. Pe post de sursă de substanțe nutritive adăugați primăvara în sol așchii de coarne. În momentul în care vă veți fi învățat cu aceste plante pline de aromă – cu siguranță nu veți vrea ca acestea să vă mai lipsească.

Legumele și ierburile aromatice cultivate în mod corect în culturi mixte

Anumite plante aromatice cresc foarte bine în culturi mixte cu legume. Astfel de culturi mixte, care de-a lungul secolelor au fost un lucru obișnuit în grădinile de la țară oferă multe avantaje:

- Aveți la îndemână și condimentele, dacă, de exemplu, folosiți castraveți sau fasole pentru masa de prânz.
- Anumite ierburi aromatice alungă dăunătorii anumitor legume; altele mențin plantele sănătoase și le conferă aromă.
- Culturile mixte nu numai că se dezvoltă armonios, ci și arată drăguț într-o grădină care în alte condiții ar fi relativ simplistă.
- De asemenea, economisiți și loc, atunci când nu trebuie să păstrați un spațiu special numai pentru grădina de ierburi aromatice.

Parteneri potriviți

În perioada cuprinsă între aprilie și mai, este timpul perfect pentru a planta sau a semăna cele mai importante ierburi aromatice, legume și soiuri de salată. Încercați o dată următoarele combinații:

Salata, ridichile și nasturelul se plantează alternativ, în rânduri, în grădină. Puteți alege între lăptucă sau salată de căpățână. În aprilie merită să plantați o salată de primăvară, de exemplu „Maikönig", drept cultură anterioară acesteia. Din luna mai este mai bine să plantați salate de vară, care nu se deschid atât de repede la căldură. În loc de ridichi puteți planta și ridiche lunguiață, soiul „Oster-

Cimbrul, o plantă anuală, crește foarte bine alături de fasolea oloagă. Pe o astfel de brazdă aveți deja la dispoziție condimentul de care aveți nevoie.

Pe timp de vară, mărarul crește în soare, în timp de cuiburile de castraveți protejează și păstrează umiditatea din sol.

grußˮ. Coaja este de un roșu închis, iar in interior sunt albe. Toate cele trei culturi se pot recolta în același timp și pot fi folosite deja în bucătărie. Năsturelul are un efect benefic asupra aromei ridichilor.

Salata și diverse ierburi aromatice reprezintă o cultură ideală, atât pentru grădină, cât și pentru bucătărie. Semănați în mai salată de vară, salată iceberg și lăptucă, în combinație cu hasmațuchi, rucola și mărar. Puteți planta arpagic pe marginea brazdei. Limba mielului, care este așa de bună cu salată proaspătă, trebuie culeasă sau tăiată atunci când este tânără. Plantele puternice năpădesc altfel „veciniiˮ. Pătrunjelul nu crește bine pe lângă salată. Evitați această combinație!

Fasolea oloagă și cimbrul sunt parteneri foarte buni, amândouă plantele putând fi semănate abia în mai, atunci când solul este cald și nu mai există pericol de îngheț. Pe aceeași brază aveți deja și condimentul necesar pentru o mâncare de fasole. În plus, cimbrul ține departe puricele negru. Fasolea oloagă este foarte rodnică, atunci când este protejată de cimbru, această plantă cu miros puternic.

Roșiile, pătrunjelul și călțunașul dezvoltă împreună o „comunitateˮ colorată și sănătoasă, stimulând creșterea reciprocă. Semănați în aprilie pătrunjel pe marginile brazdei. În mijlocul brazdei, plantați începând cu 20 mai, lăstari de roșii, la o distanță corespunzătoare. Între ele rămâne destul loc pentru călțunaș, care, printre altele, are pe timp de vară misiunea de a proteja solul și de a menține umiditatea acestuia, pentru roșiile însetate. Florile și frunzele „năsturelului mexicanˮ condimentează salata de roșii.

Castraveții și mărarul sunt perechea ideală. Această plantă aromatică delicată se comportă uneori în grădină precum o primadonă pretențioasă. Dacă este învecinată cu castraveții, crește în general fără probleme. Semănați castraveții de la jumătatea lunii mai pe un mic bilon în mijlocul unei brazde. Pe margini rămâne destul loc pentru planta aromatică anuală. Pe lângă castraveți mărarul face pe timp de vară tije de un metru înălțime. Astfel aveți la îndemână frunzele de mărar pentru salată și tijele cu inflorescențe pentru castraveți murați.

Călțunașul protejează roșiile împotriva afidelor.

Recoltarea și metodele de păstrare

Puteți culege ierburi proaspete și aromate pentru bucătăria dumneavoastră din primăvară până în toamnă. Veți găsi mereu câteva frunze de roiniță delicată, limba mielului sau tarhon. Însă dacă doriți să aveți și pentru iarnă, trebuie să aveți grijă la momentul optim de recoltare.

Toate plantele aromatice și medicinale ating la un anumit moment din an punctul maxim de creștere. Iar atunci au un miros puternic. Mirosul puternic și gustul plăcut sunt, de asemenea, semnele că plantele au adunat o cantitate mare de substanțe benefice în frunzele, florile și semințele lor. Dacă doriți să folosiți aceste substanțe medicinale și aromate în bucătăria sau propria dumneavoastră farmacie de acasă, atunci trebuie să știți când să le culegeți. Perioada ideală de recoltare diferă de la plantă la plantă. În cazul majorității ierburilor aromatice acest moment este la scurtă vreme înainte de înflorire sau în timpul perioadei de înflorire. Următoarea prezentare generală o puteți folosi în primul an pe post de calendar practic pentru recoltare. La început urmăriți în liniște, până deprindeți care sunt ritmurile de creștere ale plantelor.

Tăiați și uscați

Pentru recoltare, alegeți o dimineață însorită și uscată. Pentru recoltare nu sunt deloc recomandate orele fierbinți ale prânzului sau serile umede.

Tăiați tijele cu o foarfecă de grădină sau cu un cuțit. Puteți rupe cu degetele frunzele sau tijele delicate. Pentru conservare folosiți numai părțile sănătoase ale plantei. Așezați-le într-un coșuleț de răchită și după aceea pregătiți-le rapid.

În bucătărie scuturați plantele cu putere de vreo două ori, pentru ca vietățile ascunse printre ele să cadă. Rupeți cu grijă părțile cu probleme. Ideal ar fi dacă ați putea pune direct plantele la uscat. În zonele cu un nivel ridicat al poluării trebuie, din păcate, să spălați o dată cu atenție plantele. La final scuturați-le și uscați-le cu grijă, folosind șervete de bucătărie. După aceea întindeți plantele pe șervete curate de bucătărie, în umbră. Puteți să le pregătiți numai atunci când nu mai sunt umede. Altfel există riscul de a face ciuperci.

Faceți mici legături din plantele uscate. Prindeți codițele cu o

Recoltă bogată de vară, din grădina de ierburi aromatice: ceaiurile și condimentele pentru iarnă sunt asigurate.

sfoară simplă. După aceea agățați legăturile într-un loc aerisit și cu umbră, pentru a se putea usca. Procesul ar trebui să se desfășoare într-un ritm lent, la o temperatură constantă.

În momentul în care plantele sunt atât de uscate, încât se fărâmă între degete, trageți-le de pe tijă și puneți-le la păstrat în borcănele cu capac sau în cutii de ceai. Cel mai important este ca aceste recipiente să fie închise etanș; dacă este posibil, depozitați-le într-un loc uscat și întunecat. Astfel aromele și substanțele vindecătoare se conservă cel mai bine. Puteți folosi cel puțin un an din aceste plante pentru a condimenta mâncarea sau pentru a face un ceai.

Perioada de recoltare a celor mai importante plante aromatice

Busuioc: Tăiați partea superioară a tijei cu frunze moi înainte ca florile să se deschidă. Busuiocul uscat își pierde din păcate mult din aromă.
Cimbru, anual: Tăiați tufele puțin înainte sau în timpul perioadei de înflorire; planta uscată este în continuare foarte aromată.
Limba mielului: are gust bun, numai atunci când este consumat proaspăt. Culegeți frunzele tinere și moi. Plantele mai bătrâne nu au gust bun.
Mărar: Frunzele verzi și delicate au cel mai bun gust atunci când sunt consumate proaspete. Puteți să băgați frunzele la congelator. Florile de mărar sunt folosite pentru murături. Tăiați tijele cu semințele de mărar atunci când s-au uscat și au culoarea maro.
Tarhon: Tarhonul este cel mai aromat atunci când i-au dat primii boboci. Tăiați tijele cu cele mai fragede frunze.
Hasmațuchi: Se consumă mereu proaspăt. Nu este potrivit pentru conservare.
Măghiran: Tăiați planta cu puțin timp înainte ca florile să se deschidă. Însă nu o tăiați chiar de la rădăcină, pentru că măghiranul va da din nou.
Roiniță: Planta conține multe uleiuri eterice cu puțin timp înainte de a înflori. Tăiați partea superioară a tijei pe care încă mai sunt frunze tinere și crude.
Oregano: Tăiați întreaga tijă a plantei în perioada de înflorire.
Menta: Tăiați tijele înainte de perioada de înflorire și puneți-le la uscat.
Salvia: Înainte de perioada de înflorire, tăiați câțiva lăstari cu frunze tinere și puneți-i la uscat.
Arpagicul: Se consumă numai proaspăt. Primăvara are cel mai bun gust.
Cimbrișorul: Înainte de perioada de înflorire tăiați câteva crenguțe și puneți-le la uscat. Cimbrișorul își păstrează aroma puternică timp îndelungat.

Ierburi aromatice pentru o grădină mică

Plante anuale și bienale

Plantele cu durată scurtă de viață trebuie semănate din nou în fiecare an. Bineînțeles că puteți cumpăra răsaduri de la grădinari.

Busuioc

(Ocimum basilicum)

Cultivare: Busuoicul a ajuns la noi din țări calde. În funcție de soi, el ajunge să aibă 15-16 cm înălțime. În martie sau aprilie, semănați planta în casă. Merită să încercați diverse soiuri din gama variată.De la mijlocul lunii mai, puteți muta busuiocul în grădină. Cel mai bine îi merge în ghivece mari.

Important: Alegeți un loc luminos și ferit, și udați planta cu regularitate. Trebuie să protejați de melci plantele tinere.

Recoltare și utilizare: Puteți culege oricând frunzele proaspete. Aroma dulce și bogată a busuiocului se potrivește la mâncăruri din Sud pe bază de legume și la salate, în special la roșii. Ceaiul de busuioc are un efect calmant asupra stomacului și a sistemului nervos.

Cimbru

(Satureja hortensis)

Cultivare: Acestei plante aromatice îi place foarte mult căldura. Ajunge la o înălțime de 40-50 cm. Din luna mai puteți să o semănați în grădină. Acoperiți micile semințe doar cu puțin pământ. Între rânduri lăsați o distanță de 20-25 cm. Smulgeți plantele din locurile în care stau prea înghesuit.

Important: La început trebuie să mențineți constant nivelul de umiditate. Mai târziu, planta suportă și seceta. Cea mai indicată este o cultură mixtă cu fasole.

Recoltare și utilizare: Până în toamnă puteți lua crenguțe proaspete. În timpul perioadei de înflorire tăiați planta și puneți-o la uscat. Cimbrul își păstrează aroma puternică. Folosiți cimbru la mâncarea de fasole verde sau la tradiționalul ghiveci. Ceaiul de cimbru stimulează pofta de mâncare și are efect calmant asupra stomacului.

Florile de limba mielului înfrumusețează grădina și reprezintă o sursă de hrană pentru albine.

Limba mielului
(Borago officinalis)

Cultivare: Această plantă foarte aromată, cu frunze acoperite de perișori și cu flori albastre, în formă de stea, nu este pretențioasă. Cel mai bine crește pe un sol umed, plin de substanțe nutritive și afânat. Planta atinge o înălțime de 50-80 cm și face tufe foarte viguroase. Lăsați să crească numai câteva plante, puse la o distanță de 40-50 cm.

Important: Limba mielului are nevoie de un sol umed și plin de humus. Suportă semi-umbra. Florile atrag multe albine!

Recoltare și utilizare: Alegeți numai frunzele tinere și delicate. Aroma acrișoară a acestei plante se potrivește foarte bine la salate și la crema de brânză cu ierburi. Uscat nu este bun. Limba mielului are un efect benefic asupra inimii.

Mărar
(Anethum graveolens var.hortum)

Cultivare: Mărarul a fost adus la noi din țările mediteraneene. Îl puteți semăna în grădină din aprilie până în mai. Între rânduri este nevoie de o distanță de 25-30 cm. Plantele adulte pot ajunge până la 1,5 m înălțime.

Important: Mărarului îi place umezeala pentru rădăcina sa pivotantă, dar și mult soare în același timp, pentru a-și putea dezvolta frunzele și florile.

Recoltare și utilizare: Puteți să culegeți toată vara frunzele aromate de mărar. Puteți să le puneți și la congelator. Mărarul merge la salate, castraveți, cremă de brânză și pește. Florile sunt folosite atunci când puneți castraveți la murat.

Hasmațuchi (Asmățui)
(Anthriscus cerefolium)

Splendida mare de flori a mărarului atrage o mulțime de insecte în grădina dumneavoastră.

Cultivare: Puteți semăna semințele de hasmațuchi deja la sfârșitul lunii martie, într-un loc cu semiumbră. Între rânduri este nevoie de o distanță de 10 cm. Mențineți umiditatea egală a solului. Hasmațuchi nu este pretențios, crește repede, ajungând la o înălțime de 30-60 cm și poate fi recoltat deja după 6-8 săptămâni.

Important: Dacă puneți semințe imediat după ce ați cules un rând, puteți prelungi perioada de recoltare.

Recoltare și utilizare: Culegeți frunzele moi și penate înainte de perioada de înflorire. Are un gust acrișor și se poate folosi la fel de bine la salate, precum și la supe sau omletă. Nu poate fi conservat.

Măghiran

(Origanum majorana)

Cultivare: Din mai, când solul s-a încălzit deja, puteți semăna în grădină semințele fine de măghiran. Rândurile au nevoie de 20-25 cm distanță. Acoperiți semințele cu un strat foarte subțire de pământ.

Important: Lăsați numai o plantă la 15-20 cm, deoarece măghiranul ajunge să facă tufe de 30-40 cm înălțime.

Recoltare și utilizare: Frunzulițele de un gri-albăstrui au un miros puternic și aromat. Până toamna, puteți să le culegeți oricând din grădină. Dacă vreți să puneți la uscat măghiran, tăiați crenguțele atâta timp cât bobocii sunt încă închiși. Aroma se păstrează pentru timp îndelungat. Aroma specifică a frunzelor de măghiran se potrivește cu cartofii, ghiveciul de legume sau roșii fierte. Ceaiul de măghiran combate crampele.

Pătrunjel

(Petroselinum crispum)

Cultivare: Pătrunjelul este o plantă bienală. În primul an face o rozetă de 20-30 cm din care ies frunze crețe; în al doilea an planta face flori. Pătrunjelul nu este sensibil la frig. Semănați pătrunjel din martie până în aprilie sau în august, la o distanță de 15 cm între rânduri. Pătrunjelului îi place humusul umed.

Important: Pătrunjelul nu poate fi plantat în fiecare an în același loc. Schimbați-i în fiecare an locul!

Recoltare și utilizare: Puteți culege oricând frunzele de pătrunjel – chiar și iarna – din momentul în care frunzele sunt îndeajuns de mari. Puteți pune pătrunjel și la congelator. Această plantă se poate folosi la cartofi, supe și sosuri.

Aroma plăcută a măghiranului nu se poate compara cu nicio altă plantă aromatică. Trebuie să îl încercați!

Voinicică sau rucola

(Eruca sativa)

Cultivare: Puteți semăna semințele rotunde începând cu luna aprilie. Încolțesc la fel de repede precum ridichiile. Este indicat să plantați voinicica pe marginea brazdelor. Rândurile au nevoie de 15-20 cm între ele. Puteți presăra semințe de rucola și pe o mică brazdă. Rucola crește fără probleme și în ghivece sau jardiniere.

Important: Rucola crește repede, atingând o înălțime de 20-40 cm. Semănați imediat un nou rând, pentru că cele mai gustoase frunze sunt cele tinere; cele bătrâne devin iuți și tari.

Recoltare și utilizare: Culegeți mereu frunze proaspete; chiar și frunzulițele tinere de culoarea fildeșului sunt comestibile. Voinicica poate fi folosită la salate, cu roșii și la antreuri din bucătăria italiană. Ideală este conservarea sub formă de pesto.

Plante perene

Plantele perene rămân pentru mai mulți ani în același loc. Le puteți înmulți dacă le divizați sau prin pui.

Leurdă

(Allium ursinum)

Cultivare: Cel mai bine este să aveți deja plante tinere, pe care să le plantați din martie până în aprilie la o distanță de 10-20 cm. Iarna puteți pune în pământ micile cepe ale leurdei. Planta face o mulțime de frunze subțiri. Această plantă care acoperă complet solul atinge o înălțime de 20-30 cm. În mai face flori albe.

Important: Plantați leurda în semiumbră, sub alte tufe. Solul trebuie să fie umed și bogat în humus.

Recoltare și utilizare: Fruzele tinere de leurdă se culeg primăvara, înainte ca planta să înflorească. Planta aromatică atât de iubită, cu o aromă fină de usturoi, se potrivește la salate, cremă de brânză, supe și aperitive. Pesto de leurdă este cea mai specială formă de conservare.

Tarhon

(Artemisia dracunculus)

Cultivare: Tarhonul rusesc poate fi semănat din luna aprilie în grădină. Însă pentru a avea mai aromatul **tarhon franțuzesc** în grădină, trebuie să cumpărați răsad. El se înmulțește numai vegetativ. Plantați răsadul la o distanță de 40 x 40 cm, pentru că mai târziu ajunge la o dimensiune de 60-150 cm.

Leurda, o plantă cu o aromă ușoară de usturoi, preferă umbra.

Tarhonul franțuzesc este o plantă aromatică indispensabilă pentru cunoscători.

Important: Tarhonului îi place un sol umed și bogat în humus. În primăvară trebuie tuns.

Recoltare și utilizare: Toată vara puteți culege crengute tinere. Pentru a pune la uscat tarhon, trebuie să tăiați lăstarii ce cresc în partea superioară, care tocmai înfloresc. Aroma delicată merge la salate, sosuri, pui și pește. Tarhonul crește pofta de mâncare.

Lavanda (Levănțica)

(Lavandula angustifolia)

Cultivare: Din martie, puteți pune lavanda pe pervaz sau să o semănați în seră. Cel mai ușor ar fi să plantați în luna mai răsaduri direct în grădină, la o distanță de 40-50 cm. Lavanda face tufe parfumate, cu frunze subțiri de culoare gri, și cu tije florale de culoare albastră, în cele mai multe cazuri. Ajunge la o înălțime de 30-60 cm.

Important: Lavanda provine din zona Mării Mediterane. Preferă un loc însorit, cu un sol afânat, mai degrabă uscat.

Recoltare și utilizare: Puteți folosi oricând frunzele de lavandă pe post de condiment. Tăiați tijele cu flori, pentru a le pune la uscat. Buchețelele de flori vor umple șifonierul cu aroma lor proaspătă și vor ține departe moliile. Funzele de lavandă merg la pui și pește. Ceaiul de lavandă are un efect calmant.

Roinița

(Melissa officinalis)

Cultivare: Din aprilie puteți semăna în grădină roinița, care nu este o plantă pretențioasă. Începând cu luna mai, mutați plantele tinere pe o brazdă însorită, la o distanță de 40-50 cm. Roinița face tufe viguroase, care ating 50-80 cm înălțime.

Important: Acestei plante pline de frunze îi place un sol umed, bogat în humus. Aveți grijă ca roinița să aibă mereu compost proaspăt.

Lavanda înfrumusețează grădina cu tije florale de culoare violet, uneori albe, un buchet floral plin de arome.

Recoltare și utilizare: Puteți culege frunze din vară până în toamnă. Dacă doriți să puneți roiniță la uscat, culegeți lăstarii tineri, înainte de a înflori. Aroma proaspătă de lămâie a roiniței se potrivește la salate, roșii, sosuri pe bază de ierburi aromatice sau cremă de brânză. Ceaiul de roiniță are un efect calmant asupra sistemului nervos.

Oregano

(Origanum vulgare)

Cultivare: Din aprilie puteți semăna oregano direct în grădină. Plantați răsadurile de oregano din aprilie până în mai, la o distanță de 20-30 cm. Ele fac tufe mari, cu o înălțime de 30-50 cm.

Important: Orgeno are nevoie de un loc însorit, cu un sol afânat.

Recoltare și utilizare: Pentru bucătărie puteți folosi frunzele puternic aromate din primăvară până în toamnă. Pentru a pune oregano la uscat, trebuie să tăiați întreaga plantă aflată în soare. Planta își păstrează aroma timp îndelungat. Oregano merge la felurile de mâncare specifice Sudului Europei.

Menta (Izmă)

(Mentha x piperita)

Cultivare: Din aprilie plantați un stolon sau răsaduri în grădina de condimente. În funcție de soi, menta ajunge să aibă o înălțime de 40-80 cm. Mentei îi place un sol umed, bogat în humus, cu puțină umbră, sau în soare.

Important: Menta se înmulțește! De aceea, alegeți un loc unde se poate întinde. Există o mulțime de soiuri cu arome minunate de la mentă portocalie la mentă ciocolatie.

Recoltare și utilizare: Puteți folosi întreaga vară frunzele proaspete de mentă. Dacă vreți să puneți mentă la uscat, tăiați din plantă înainte ca aceasta să înflorească. În bucătărie, menta merge la miel și dulciuri. Ceaiul de mentă vă încălzește organismul și are un efect calmant asupra stomacului.

Rozmarin

(Rosmarinus officinalis)

Cultivare: Puteți semăna rozmarinul în casă, unde îl lăsați într-un loc însorit. Este mai ușor să cumpărați plante tinere, pe care le puteți planta în grădină de la jumătatea lunii mai. Frunzele rozmarinului au formă de ace, iar tulpina acestuia se lemnifică, ajungând la o înălțime de 50-120 cm.

Important: Rozmarinul nu rezistă iernilor de la noi. Țineți-l în ghivece, pe care le puteți muta toamna în casă. Până în primăvară aceste plante au nevoie de un loc răcoros și luminos.

Recoltare și utilizare: Aroma puternică a frunzelor mereu verzi de rozmarin este mereu la dispoziția dumneavoastră. Ea se potrivește la pește, roșii și la multe rețete italienești. Ceaiul de rozmarin stimulează circulația.

Există și soiuri colorate de salvie. Aici crește alături de cimbrișorul aflat în floare.

Salvia

(Salvia officinalis)

Cultivare: Din martie puteți semăna salvia în locuri calde. Răsadurile de salvie trebuie plantate în grădină din martie până în mai, la o distanță de 30-40 cm. Micile plante, ale căror tijă se lemnifică, ajung cu timpul la o înălțime de 30-70 cm. Frunzele de un gri argintiu și florile lila ale salviei sunt splendoarea grădinii de ierburi. Există și soiuri minunate cu frunze colorate.

Important: Salvia are nevoie de mult soare și de un sol afânat, cu conținut de oxid de calciu.

Recoltare și utilizare: Puteți culege frunze proaspete de salvie din primăvară până în toamnă. Pentru a usca salvie, tăiați cei mai tineri lăstari înainte de perioada de înflorire. Frunzele aromate de salvie merg la mâncărurile pe bază de carne, ghiveci de legume, precum și la specialități italienești. Ceaiul de salvie ameliorează durerile de gât.

Arpagicul

(Allium schoenoprasum)

Cultivare: Arpagicul, originar din zonele noastre trebuie semănat în aprilie într-un rând în grădină. În momentul în care tijele aromate au crescut ceva mai mari, replantați arpagicul sub formă de tufe, la o distanță de 20 cm. Crește la fel de bine și într-un loc cu puțină umbră, dar și la soare. Este foarte drăgălaș dacă este plantat pe marginea unei brazde.

Important: Arpagicului îi place humusul umed. Puneți compost și o mică porție de așchii de coarne.

Recoltare și utilizare: Arpagicul are cel mai bun gust primăvara. El crește constant. De aceea, îl puteți cultiva până toamna. Chiar și florile sunt comestibile! Aroma asemănătoare cepei merge la salate, sosuri, supe și cremă de brânză.

Cimbrișor

(Thymus vulgaris)

Cultivare: Puteți semăna cimbrișorul în casă și îl puteți pune la un loc călduros. Plantele deja crescute se plantează direct în grădină în aprilie și mai, la o distanță de 20 cm. Plantele care se lemnifică ajung la o înălțime de 10-20 cm. Florile lila ale cimbrișorului atrag multe albine.

Important: Cimbrișorul provine din zona mediteraneeană. Are nevoie de mult soare și de un loc uscat. Cimbrișorul poate fi plantat pe marginea unor brazde sau în aranjamentul de pietre.

Recoltare și utilizare: Puteți culege oricând crenguțele cu aromă puternică. Dacă vreți să puneți cimbrișor la uscat, atunci tăiați planta înainte de perioada de înflorire. Aroma puternică a cimbrișorului merge la carne, ghiveciul de legume, precum și la felurile de mâncare din Sud. Ceaiul de cimbrișor eficient în tratarea tusei și răcelii.

În timpul perioadei de înflorire, cimbrișorul atrage albine și fluturi în grădina dumneavoastră.

Mica grădină pentru fructe

Clasicii pomi fructiferi mari rămân un vis „neîmplinit" al multor grădinari, din pricina faptului că ocupă mult spațiu. Cu toate acestea, ei nu trebuie să renunțe complet la „fructe dulci". Fructele de pădure pot fi obținute fără probleme în grădina dumneavoastră. Și sunt și rodnice!

Căpșunul – fructele roșii și dulci din pădure

Pentru căpșunii cu fructe de un roșu strălucitor se poate găsi în orice grădină puțin loc. Este un deliciu să le mâncați proaspăt culese. Din niciun loc nu puteți cumpăra căpșuni, care să aibă un gust așa de bun precum cele crescute în propria grădină, pe care le culegeți numai atunci când sunt perfect coapte și extrem de aromate.

Între timp au apărut noi soiuri de căpșuni, astfel că puteți să alegeți un soi în funcție de preferințele personale și de locul de care dispuneți în grădină. Pentru grădinile foarte mici este cel mai indicat să plantați **fragi**. Fragii fac tufe mici și rotunde, fără a da pui, iar fructele sunt mici și foarte aromate, pe care le puteți culege din iunie până când dă înghețul. Le puteți planta pe marginile unei poteci sau ale unei brazde.

Pentru o grădină cu puține brazde, soiurile de **căpșuni cu rod multiplu** oferă multe avantaje. Nu vă oferă o recoltă extrem de bogată, însă toamna vă oferă în continuare fructe proaspete cu care să vă delectați. Dacă aveți la dispoziție loc din belșug este indicat să plantați soiuri de căpșuni mediu timpurii și târzii. Astfel veți prelungi perioada de recoltare cu câteva săptămâni. Cumpărați pentru o brazdă nouă un răsad bun. Mai târziu puteți înmulți chiar dumneavoastră plantele.

Iar dacă acum căutați locul potrivit pentru o brazdă de căpșuni, atunci ar trebui să aveți în vedere și soiul de **căpșuni sălbatice**, cu fructe mici și dulci. Ele sunt predecesoarele căpșunilor din grădinile de astăzi. În luminișurile din pădure, ele formează un covor dens de plante. Acolo, iarba și frunzele acoperă pământul. Sub acest strat protector solul ușor acid și bogat în humus rămâne umed și afânat.

Pregătirea brazdei

Preluați aceste elemente din luminișul din pădure în grădina dumneavoastră, iar deja din anul următor vă veți putea bucura de un rod bogat de căpșuni sănătoase. Locul ales trebuie să fie însorit, dar ferit. Curățați cu atenție locul de buruieni și săpați. Cartofii timpurii sau îngrășământul „verde" sunt minunate pe post de cultură anterioară. Ambele variante lasă pământul afânat. Compostul este cel mai bun tip de îngrășământ verde. Un compost de frunze ușor acid ar fi ideal. Dacă este posibil, cu 2-3 săptămâni înainte de a planta căpșunile, aplicați un îngrășământ organic și săpați ușor la suprafața

Cu cât pregătiți brazda mai atent, cu atât mai bogat va fi rodul în următorii ani. Important: căpșunile au nevoie de un loc însorit și de distanță între cuiburi.

pământului. În acest caz sunt indicate făina de coarne, îngrășământ pe bază de alge sau produsele pe bază de trestie.

Plantarea căpșunilor

În august și septembrie este cel mai indicat să plantați o nouă brazdă de căpșuni. Cu cât începeți mai devreme, cu atât mai repede și mai bine vor prinde plantele rădăcini, frunze și flori în următoarele săptămâni pentru anul ce va urma. Pe o brazdă de 1,20 m lățime au loc două rânduri de căpșuni. Puneți plantele la 25-30 cm distanță și umpleți gaura făcută pentru plantă cu compost din belșug. Dacă adăugați și puțină fiertură de urzici, căpșunile vor avea atunci cele mai bune condiții pentru o creștere sănătoasă. La final, puneți un strat vegetal protector între rândurile de căpșuni – asemănător cu ce este în pădure. Substanțe organice ușor acide sunt în special potrivite: frunze amestecate, ace de brad, deșeuri din scoarță sau crenguțe mărunțite. Însă puteți folosi și paie sau iarbă. Sub acest strat, pământul rămâne umed și afânat. Nu va mai trebui să udați deloc sau să rupeți buruieni. Astfel rădăcinile căpșunilor cresc fără să fie deranjate și se pot dezvolta și deveni viguroase. O brazdă de căpșuni plantată după principii ecologice și îngrijită cu atenție ar trebui să aibă rod bogat 3-4 ani. După aceea trebuie să plantați o nouă brazdă.

Îngrijirea pe timp de vară a căpșunilor

După recoltare, căpșunii au nevoie de o îngrijire specială, pentru a putea avea rod bogat și anul următor. În august puteți tăia majoritatea frunzelor; aveți însă grijă ca centrul plantei să nu fie afectat. Tăiați și tijele care în acest moment vor crește în număr mare. Numai în cazul câtorva plante mamă foarte productive puteți să nu tăiați stolonii, pentru a îi folosi la înmulțire. La sfârșit de vară și pe timpul toamnei, căpșunii dezvoltă deja tijele pentru flori pentru anul viitor. Și frunzele și rădăcinile încă mai cresc viguros. De aceea, la plantele care au deja rod trebuie să puneți compost și un îngrășământ organic. La final, acoperiți din nou pământul cu un strat vegetal protector.

Plantați lăstarii de la planta mamă în ghivece mici, acoperite cu pământ afânat. Acolo, ei vor face curând rădăcini.

Soiurile de căpșun pentru grădină

„Elvira”	Un soi timpuriu foarte gustos, risc minim de a face putregai cenușiu
„Senga Sengana”	Soi testat mediu-timpuriu, rodnic
„Sătmărean”	Soi tradițional, târziu și rodnic cu fructe de un roșu închis și cu un gust inconfundabil; are nevoie de un polenizator, și de aceea este în general livrat la „pachet” cu un astfel de soi de căpșuni.
„Ostara”	Un soi testat, cu mai multe roduri, dulce și aromat, recoltă până în toamnă
„Florika Erdbeerwiese” (D)	Este un nou hibrid obținut între căpșunile de grădină și cele de pădure; formează un covor dens de plante; aromă minunată; fructele cresc pe o tijă înaltă, ce se înalță deasupra frunzelor și de aceea sunt foarte puțin expuse la infecțiile fungice sau la melci

Cum să înmulțiți singur căpșunul

Dacă doriți să puneți o nouă brazdă cu un soi pe care îl aveți deja și care are un gust bun, puteți să plantați stoloni. Stratul nou de căpșuni va face rapid rădăcini. Puteți avea plante tinere și viguroase dacă îngropați marcotele în ghivece mici, umplute cu pământ de bună calitate, pe care să le îngropați în pământ lângă planta mamă. Puteți face un suport din sârmă, îndoită în forma unei agrafe de păr, pe care să o înfigeți în ghiveci. Astfel mica plantă va avea stabilitate. Deja după 10-14 zile, planta va fi făcut rădăcini. După aceea tăiați tija. Noile căpșuni pot fi oricând transplantate pe noua brazdă. Cu cât au rădăcini mai viguroase, cu atât mai bine. O perioadă mai lungă de creștere este, de asemenea, benefică.

Soiul de căpșuni „Florika” a fost obținut în urma încrucișării cu căpșunile de pădure. Gustul lor minunat este dulce-aromat.

Un mediu care să îl imite pe cel din pădure pentru o zmeură sănătoasă

Puteți culege și din pădure zmeură roșie și dulce! Soiurile din grădinile noastre se aseamănă încă foarte mult cu predecesorii lor din pădure. Însă aceste noi soiuri au avantajul de a dezvolta fructe mai mari și de a avea o perioadă de recoltare mai lungă. În pădure, zmeura crește în subarboret. Se dezvoltă cel mai bine într-un loc cu puțină umbră, unde sunt ferite de vânt. Cu toate acestea, în astfel de locuri ajunge destul soare, pentru ca plantele să facă fructe dulci și să aibă o aromă puternică. Aceste plante se simt cel mai bine într-un sol bogat în humus, ușor acid, un pământ care este indicat să fie puțin argilos.

Plantare – acoperire cu strat vegetal protector – fertilizare

Puteți planta noi plante din septembrie până în octombrie și după aceea și la începutul anului. Plantele tinere au nevoie de o distanță de 40-60 cm între ele, deoarece mai târziu vor face pui. În funcție de soi, trebuie să calculați o distanță de 1,20-1,60 m între rânduri. Plantați-le relativ drept și tăiați în primăvară noile plante la aprox. 5 ochi de la vârf în jos. Puteți planta zmeura de-a lungul gardului. Puteți ajunge la tufe mai ușor, dacă veți construi un spalier simplu, la care puteți ajunge din ambele părți. Între doi pari înfipți bine în pământ întindeți două sârme. Mai târziu, prin spațiile libere dintre aceste două sârme, veți „împleti" tijele. Astfel nici nu va mai trebui să legați zmeura. Trebuie să pregătiți bine locul unde va crește zmeura. Puneți în acel loc compost din belșug și cu puțin praf de piatră (fără oxid de calciu!). După ce ați udat bine pământul acoperiți-l deja cu un strat vegetal protector care trebuie înnoit de-a lungul anului. Aceasta este cea mai importantă măsură pe care trebuie să o luați pentru a avea grijă de plante! Atmosfera tipică din pădure, precum și un sol ușor acid pot fi obținute dacă presărați ace de brad sau folosiți un strat vegetal protector din frunze. Este indicată și coaja de copac. Puteți presăra și compost semiputrezit, pe care îl acoperiți ulterior cu paie, iarbă, talaș sau cu

Un rând nou de zmeură, plantat corect, cu plantele prinse de un spalier stabil și cu rădăcinile acoperite de un strat vegetal protector.

crenguțe de la gardul viu, mărunțite. Pe post de îngrășământ suplimentar pe timp de iarnă sunt recomandate așchiile de coarne sau îngrășămintele universale.

Soiuri tradiționale de zmeură

„Citria”	Aromă bogată, soi rodnic; nu este rezistentă la boli
„Ruvi”	Fructe aromate și acrișoare, care se coc târziu; soi foarte rezistent la boli
„Malling Promise”	Fructe dulci; soi care se coace timpuriu; crește viguros și sănătos
„Golden Queen”	Fructe rotunde, de un galben auriu, un soi cu un gust foarte bun, preferat de cunoscători.

Soiuri noi

„Star”	Soi ce rodește de două ori (în iunie și în septembrie-octombrie), cu fructe aromate
„Autumn Bliss” / „Blissy”	Soi cu fructe mari și aromate; se coc târziu, din august, până în octombrie; trebuie să tăiați toate tijele noi de la rădăcină, în perioada septembrie-noiembrie; face rod numai pe lăstarii noi; de aceea nu este amenințată de boli
„Golden Bliss”	Soi cu fructe aromate, de un galben strălucitor, cultură precum cea a soiului „Autumn Bliss”

Cum tăiați și îngrijiți zmeurul

Vara, zmeurul face noi tije, care vor avea rod în anul următor. După recoltă, tija veche moare. Trebuie să le tăiați de la rădăcină. Tăiați toți lăstarii firavi. Păstrați 5-8 tije viguroase la fiecare plantă. Tăiați abia în primăvară la soiurile care rodesc de două ori pe an. Ardeți toate tijele pe care le-ați tăiat, pentru a preveni infecțiile. Puteți recunoaște temuta boală a zmeurei după petele de culoare gri, care între timp se fac maroniu-violet. Tija se crapă, iar după aceea moare. Trebuie să tăiați și să ardeți imediat toate părțile bolnave ale plantei! În afară de măsurile naturale de îngrijire, eficiente împotriva infecțiilor fungice sunt și diverse soluții sau fiertura de coada-calului. Alegeți soiuri care nu sunt sensibile la astfel de boli!

Zmeura are cel mai bun gust atunci când este proaspăt culeasă. De asemenea, este bogată în vitamine și minerale.

Soiul tradițional „Schönemann” face fructe mari și aromate.

Mici, dar rodnici: arbuști și copăcei

Arbuștii diverselor soiuri de mur au nevoie de puțin spațiu. Sunt sursa ideală de fructe pentru întreaga familie. Chiar după scurt timp puteți culege cu copiii fructe sănătoase. Toamna este momentul ideal pentru a planta astfel de arbuști, printre care se numără și agrișele și coacăzele. Dacă vremea este bună, puteți planta în continuare astfel de arbuști din octombrie până spre sfârșitul lunii noiembrie. În cazul în care nu mai apucați să plantați toamna, puteți face acest lucru și în martie sau aprilie.

Pregătirea solului și îngrijirea

Solul trebuie să fie pregătit cu atenție. Afânați bine și profund pământul. Smulgeți buruienile, având grijă să iasă toate rădăcinile acestora. Mai târziu nu mai puteți să deranjați cu sapa tufele cu fructe de pădure.

În timpul pregătirii solului, presărați compost din belșug. Pe stratul superior al pământului aplicați un îngrășământ organic cu eliberare prelungită, precum așchiile de coarne.

Când săpați groapa, aveți gijă să ridicați pământul cu cât mai multă grijă. Rădăcinile nu trebuie să poată crește în voie peste tot. Plantați arbuștii mai adânc decât au fost plantați înainte în pepiniera de unde i-ați luat. În acest caz vor răsări mulți pui de la bază.

În groapa pregătită cu atenție așezați arbustul un pic mai adânc decât a fost plantat înainte.

Înainte de plantare, scurtați puțin rădăcinile. Scurtați și crenguțele tufelor la 2/3. Acoperiți după aceea groapa cu pământul pe care l-ați scos din ea, care ar trebui să conțină cât mai mult compost posibil. Călcați cu grijă peste sol, pentru ca rădăcinile să ia contact cu solul. După aceea udați, folosind stropitoarea.

Foarte important pentru o creștere sănătoasă a tufelor pentru fructe de pădure este un strat vegetal protector permanent. Agrișele și coacăzele sunt de fapt „de loc" de la marginea însorită a pădurii. De aceea, lor le plac locurile luminoase sau aflate în semiumbră, precum și un sol umed, bogat în humus. Puneți în jurul tufelor un strat vegetal protector format din frunze, iarbă sau din resturi lemnoase din grădină, mărunțite anterior. Acest „covoraș" menține umiditatea solului, transformându-se încet în același timp în humus. Înlocuiți mereu stratul când a putrezit.

Tăierea tufelor pentru fructe de pădure

Pentru o creștere sănătoasă este, de asemenea, important să tăiați regulat tufele, pentru a nu îmbătrâni și a nu se întinde prea mult. Pentru ca tufele să poată face fructe aromate, este nevoie de aer și de lumina soarelui. Regula de bază, valabilă atât pentru agriș, cât și pentru coacăz este să tăiați de la rădăcină tijele bătrâne, de culoare închisă. Puteți face acest lucru toamna sau la început de primăvară.

În ciuda tuturor acestor lucrări comune, trebuie totuși să luați în calcul și cerințele „individualizate" pe fiecare tip:

- **Coacăzele roșii și albe** fac fructe pe tijele care au 2-3 ani. Toate tijele de 4 ani trebuie tăiate. Din tijele care cresc după aceea, păstrați 2-3 mai viguroase. Restul de tije tinere trebuie tăiate. Per total, o tufă sănătoasă trebuie să aibă între 8 și 12 tije. Așa crește aerisit și va avea rod bogat.
- **Coacăzele negre** fac fructe în special pe tijele de un an. De aceea, aceste tufe trebuie constant stimulate să facă tije noi. Tăiați de la rădăcină tijele de pe care ați cules deja fructele. Păstrați 2-3 tije noi în fiecare an. Tăiați restul. Per total, o tufă nu trebuie să aibă mai mult de 8 tije principale.

Soiul tradițional de coacăz alb de Versailles este o delicatesă, de care este cel mai bine să vă bucurați imediat după ce le-ați cules.

„Hinomäcki" este un soi nou de agrișe, rezistent la făinare. Fructele galbene sunt dulci și suculente.

- **Toate soiurile de agrișe** trebuie tăiate anual precum tufele de coacăz. Ele fac, de asemenea, fructe pe tijele de 2-3 ani. Toate tijele mai bătrâne de atât trebuie tăiate de la rădăcină. O tufă de agriș care se dezvoltă sănătos ar trebui să aibă 8-12 tije.

Variații ale soiurilor de coacăz

Soiurile de coacăz roșu tradiționale	„Jonkheer van Tets" – cu rod timpuriu și bogat, ciorchini lungi „Heros" – cu rod timpuriu, gust plăcut; coacăze mari pe ciorchini lungi „Heinemanns's rote Spätlese" – cu rod târziu din august; fructe foarte aromate; ciorchini lungi, rod bogat
Soiuri noi	„Rovada" – ciorchini extrem de lungi, cu rod bogat și tardiv, de la jumătatea lunii iulie
Soiurile de coacăz alb tradiționale	Coacăze albe de Versailles – cu rod timpuriu, aromă fină, de struguri, soi robust, preferat de cunoscători Coacăze albe de Jüterborg – cu rod timpuriu; fructe dulci pe ciorchini lungi
Soiuri de coacăz negru tradiționale	„Abanos" – rod la sfârșit de iunie; aromă fină, robustă „Catswold Cross" – rod la sfârșit de iunie, fructe mari pe ciochini lungi, bogate în vitamina C, sănătoase și robuste
Soiuri noi	„Titania" – cu rod mediu-târziu și bogat; rezistent la făinare, rugină și boli care produc căderea frunzelor „Ometa" – cu rod târziu; ciorchini lungi, robust și rezistent la rugină, făinare și boli care produc căderea frunzelor

O gamă largă de culori și arome

Pe piață există o gamă largă de soiuri de coacăze și agrișe. Există în continuare o mulțime de soiuri tradiționale, care sunt recomandate. În special gustul nu poate fi egalat. La acestea se adaugă noile soiuri, care se deosebesc prin rezistența sporită la diverse boli. Acest aspect este foarte important, atunci când alegeți soiul. Dacă soiul nu este rezistent la făinarea americană, asta înseamnă că primul lucru la care trebuie să vă gândiți sunt măsurile profilactice!

Chiar și culorile joacă un rol important – dacă aveți de unde alege, atunci vă va fi greu să alegeți:

Coacăzele roșii reprezintă alegerea clasică, cu fructe dulci-acrișoare. Se pot consuma proaspete, sau se pot conserva, pune la congelator, sau folosi la prăjituri.

Coacăzele albe ies în evidență printr-o aromă fină, acrișoară, care aduce a struguri. Cel mai bun gust îl au atunci când le consumați proaspete. **Coacăzele negre** au un gust aromat și sunt foarte bogate în Vitamina C. Le puteți folosi pentru sucuri sau pentru un jeleu delicios.

Există și **agrișe** în diverse culori. Soiurile de agrișe albe, galbene, verzi sau maro au un gust propriu deosebit. Culegeți jumătate din fructe când sunt semicoapte și folosiți-le la compot; restul fructelor se vor coace frumos. Aceste fructe vor putea fi consumate proaspete sau le puteți folosi la deserturi sau gemuri.

Luați o decizie în funcție de preferințele personale, dar și de condițiile din grădină.

Agrișe de toate culorile

Soiurile de agrișe galbene tradiționale	„Hönings Frühbeste" – cu rod timpuriu; fructe dulci, acoperite cu perișori; rezistente la făinare
Soiuri noi	„Hinnomäki" – cu rod mediu timpuriu, fructe galben-aurii; rezistente la făinare „Invicta" – cu rod mediu timpuriu și bogat, fructe galben-verzui; rezistente la făinare
Soiurile de agrișe verzi tradiționale	„Grüne Kugel" – rod la sfârșit de iunie; aromă fină; rod bogat și robust „Lady Delamere" – cu ros mediu timpuriu; fructe dulci cu coajă netedă, galben-verzui, robuste
Soiurile de agrișe albe tradiționale	„Triumpf alb" – cu rod mediu-târziu; fructe albe dulci și aromate; robuste și viguroase
Soiurile de agrișe roșii tradiționale	„Maiherzog" – cu rod timpuriu, fructe de un roșu închis, cu coajă netedă, dulci-acrișoare „Triumpf roșu" – cu rod tardiv; fructe de un roșu închis, cu coaja groasă și acoperită de perișori; dulci-acrișoare; viguroase, dar sunt ușor sensibile la făinare
Soiuri noi	„Rokula" – cu rod mediu-timpuriu; fructe rotunde, de un roșu închis; cu gust bun; rezistente la făinare „Rolanda" – Cu puțini țepi; fructe de un roșu închis cu coaja netedă; rod târziu

Arbuștii – o alternativă ce ocupă puțin loc

Dacă aveți puțin loc la dispoziție, atunci ar fi indicat să plantați copăcei cu tije înalte. Cu astfel de copăcei de coacăz sau agriș puteți să plantați o alee de fructe de pădure minunată. Ei „mănâncă" doar puțin loc în dreapta și în stânga drumului din grădină. Puteți să culegeți fructele cu ușurință. Iar copiii au astfel la îndemână fructe proaspete.

Plantați un pom fructifer!

Mereu de actualitate, este un lucru special să plantezi un măr în grădină. Amintește în continuare și oamenilor moderni de simboluri străvechi ale fertilității, precum și de adorația pe care strămoșii noștri o aveau față de astfel de copaci cu rod bogat. Un pom fructifer rămâne ani de zile, adesea de-a lungul mai multor generații, în același loc. Chiar dacă astăzi puteți planta într-un spațiu mic un pom pitic, el va fi în centrul atenției, datorită fructelor sale.

Munca de pionierat merită

Cea mai bună perioadă de plantare a pomilor fructiferi este toamna târziu. În zone în care iarna vine mai devreme, plantați cel mai bine pomii în octombrie, dar în zone cu climă blândă cea mai indicată lună este noiembrie. Bineînțeles că îi puteți planta și la începutul primăverii. Rădăcinile trebuie să se prindă bine în pământ înainte ca pomul să înceapă să rodească.

În cazul în care cumpărați un pomișor în ghiveci care și-a format deja bine rădăcinile, atunci schimbarea din ghiveci în grădină se va produce fără probleme. În acea situație puteți să îl plantați și mai târziu.

Săpați groapa pentru pom deja cu câteva săptămâni înainte de plantare. Calculați cu atenție, astfel ca rădăcinile să aibă mai târziu spațiu suficient, pentru a se extinde. În funcție de soi, săpați o groapă de 40-60 cm. După aceea adăugați în groapă din beșug, compost complet copt. Amestecați cu compost și pământul pe care l-ați scos pentru a săpa groapa. În plus, adăugați puțină cenușă de lemn, făină de piatră sau calcar din alge. După ce ați amestecat totul, puneți din nou temporar acest amestec în groapă. Acum acoperiți acest loc cu iarbă tăiată sau frunze. Dacă veți dori după aceea să plantați copacul la sfârșit de toamnă, veți găsi un sol fărâmicios, bogat în humus. Puteți săpa cu ușurință solul afânat și după aceea îl puteți pune la loc. Rădăcinile tinere pot să se prindă ușor în acest sol bogat în humus de bună calitate și se pot extinde în continuare.

Merii pitici au rod bogat încă din primii ani.

Spații pentru copaci și protecție împotriva înghețului

Sub fiecare copac delimitați un soi de spațiu, care să aibă aceeași circumferință precum cea a coroanei. Pe această suprafață puneți compost. Toamna, acoperiți solul cu un strat vegetal protector format din frunze, primăvara presărați un îngrășământ organic, iar vara puteți uda copacul în perimetrul acestei suprafețe. Pentru stratul vegetal protector pe care trebuie să îl înnoiți, merge să folosiți și iarbă sau crenguțele tăiate de la tufe și arbuști. Experiența acumulată de-a lungul multor ani a demonstrat că o astfel de suprafață creată la baza copacului ajută la o creștere mai sănătoasă a pomilor fructiferi și îi ferește mai mult de boli.

Puteți preveni crăpăturile provocate de îngheț dacă dați cu var tulpina pomilor, lucru pe care este indicat să îl faceți toamna sau la început de iarnă. În grădinile ecologice amestecul este format din fiertură de coada-calului, la care adăugați argilă și calcar din alge. Puteți achiziționa și din comerț amestecuri deja pregătite.

Copaci pentru grădinile mici

Pentru grădinile mici sunt recomandați **copacii pitici.** Din această categorie fac parte, de exemplu, merii crescuți astfel încât să se poată dezvolta cu tulpini mici. Ajung la numai 2-3 metri înălțime și rămân atât de subțiri, încât îi puteți planta la o distanță de 2,5-3 m între ei. Este, de asemenea, posibil să plantați mai mulți astfel de copăcei pe un rând, de exemplu, de-a lungul gardului. Copacii pitici au rod timpuriu și sunt ușor de cules.

O altă formă este reprezentată de **arbuști**. Tulpina acestora are 60-80 cm, iar coroana rămâne relativ mică. Între doi arbuști trebuie să respectați la plantare o distanță de 4-5 m. Sub formă de arbust găsiți de exemplu și gutuiul. Pomii fructiferi cu **tulpina standard și cu coroană de la jumătatea tulpinii** se dezvoltă și ajung la o mărime considerabilă, nefiind recomandați pentru grădinile mici. Pomii

În lunile de iarnă stratul de var protejează copacii împotriva crăpăturilor din scoarță.

O specialitate gustoasă: „Schweizer Orangenapfel"

fructiferi crescuți în clima cu care sunt învățați oferă o anume garanție cu privire la o creștere sănătoasă.

Într-o grădină îngrijită și construită după principii ecologice se potrivesc soiurile tradiționale de pomi fructiferi pe care astăzi îi puteți găsi din nou în multe pepiniere.

Mărul – rupt din paradis

Toți merii pe care îi plantăm în grădinile noastre sunt altoiți cu soiuri speciale. Le place un sol umed și ușor argilos. Foarte bună este și umiditatea ridicată din aer. De aceea nu plantați niciodată un măr cu orientare spre sud, unde este uscat! Deoarece merii dezvoltă rădăcinile la suprafață, îi puteți oferi condiții bune de creștere dacă îi veți dărui un spațiu amplu pentru copac, unde să puneți mult compost și pe care să îl ascoperiți cu un strat vegetal protector. Merii au nevoie de o polenizare încrucișată. Fiecare copac are nevoie de polen de la alți pomi. Dacă în grădinile vecinilor cresc deja meri, atunci nu trebuie să vă faceți griji. Altfel, trebuie să planificați plantarea a doi pomi din soiuri diferite.

Există o mulțime de soiuri tradiționale de meri. Pentru o grădină mică alegeți un soi de mere cu un gust pe placul dumneavoastră. În acest caz nu vorbim de o recoltă bogată pentru iarnă, ci de un pom care să vă ofere fructe de care să vă bucurați, după ce le-ați cules.

De cel mai puțin loc are nevoie noul soi **„Ballerina"**. Acești pomișori ajung la o lățime de numai 30 de cm și cresc lungi precum o coloană cu o înălțime de 2,5-4 m. Au rod deja din al doilea an și pot fi crescuți chiar și în ghivece mai mari.

Merele creează în continuare impresia că o grădină este ruptă din Rai. Primăvara uimesc prin splendoarea florilor, iar toamna din coroanele merilor strălucesc fructele roșii. Oferiți-vă dumneavoastră și copiilor această bucurie.

Soiuri pe care le puteți achiziționa sub formă de copac pitic.

„Berlepsch"	Fructe galbene, striate cu linii roșiatice, gust fin și aromat, suculente
„Cox Orange"	Mere de culoare gălbuie spre roșu, cu un gust foarte aromat; indicat numai în zone cu condiții climatice bune
„Elstar"	Soi nou cu fructe de culoare roșiatică cu un gust foarte aromat, dulce acrișor
„James Grieve"	Fructe de un verde deschis cu dungi roșii, suculente și aromate
„Ontario"	Fructe galben-verzui cu dungi roșu închis, gust bun, acrișor
„Schweizer Orangenapfel"	Fructe mici, roșu închis, cu un gust dulce-acrișor
„Weisser Winterglockenapfel"	Fructe de forma unui clopot, galben-verzui, cu un gust proaspăt, acrișor

Prunele și prunele brumării se coc oriunde

Prunele sau prunele brumării sunt printre cei mai ușor de crescut pomi pentru o grădină mică. Tulpina lor nu crește atât de mult, iar coroana nu se extinde mult. Prunele au în general nevoie de un pom partener pentru polenizare, prunele brumării sunt autopolenizatoare. Asta înseamnă că este de ajuns dacă plantați un singur pom. Prunele și prunele brumării pot crește în orice zonă, fie că este vorba de o zona cu un climat mai dur, precum cel muntos sau o zonă cu climă blândă. Pomii cresc în orice sol normal din grădină; este însă recomandat un loc luminos, pentru a putea face fructe dulci. Ele au diverse nuanțe de violet. Există câteva caracteristici care diferențiază soiurile de prune, de altfel destul de asemănătoare: prunele sunt rotunjite și prezintă o dungă pe fruct. Se coc de obicei mai devreme și este recomandat să le consumați proaspete. Prunele brumării sunt mai lunguiețe și au capetele „ascuțite". Prunele brumării nu au o astfel de dungă, iar coaja este cerată. Pulpa prunelor brumării este dulce și suculentă. Se coc mai târziu și pot fi folosite pentru conservare, puteți să le uscați, să le coaceți sau să faceți compot din ele. Bineînțeles că le puteți consuma și proaspete.

Soiuri recomandate

Pentru o mică grădină biologică se potrivește foarte bine pruna brumărie „de casă". Acest soi este cultivat din secolul al 17-lea în Germania și a fost adaptat la diversele condiții climatice și ale solului prin intermediul unor noi variante ale soiului. Prunele brumării de casă sunt autopolenizatoare și au rod încă de când pomii sunt tineri. Fructele se coc târziu și sunt aromate și dulci. Întrebați la pepiniere ce soi este potrivit pentru condițiile locale.

Dacă doriți mai degrabă un prun în grădină, puteți alege între două soiuri pline de tradiție, din secolul al 19-lea: „Regina Victoria" este un prun cu coroană mică, dar cu rod bogat. Fructele au o culoare galbenă și sunt aromate.

Prunul „Ontario" crește mai viguros și face fructe mari și rotunde, cu un gust dulce și aromat. Acest soi este autopolenizator.

Prunii și prunii bumării sunt pomi fructiferi simpli, potriviți pentru persoanele care dețin o grădină mică și nu au prea mult timp pentru a-i îngriji.

Pruna brumărie de casă este un soi existent de sute de ani în multe regiuni.

Soiul „Regina Victoria" există din secolul al 19-lea.

Mica grădina de flori

Florile de vară anuale și bienale pot fi combinate armonios într-o grădină biologică, exact precum plantele perene cu viață lungă, unde amintim plantele cu bulbi sau plantele din familia Poaceae. Puteți crea un carnaval al culorilor, dacă alegeți plante partenere care să se învecineze bine una cu cealaltă, și dacă alegeți un loc corespunzător.

Splendoarea florilor din grădinile bio

O grădină biologică armonioasă nu se încheie cu stratul de salată sau sub o tufă de coacăz. Utilul trebuie combinat, bineînțeles, cu plăcutul. Asta ne dovedește natura, că sub copaci sau tufe poate crește un strat de flori. Iar aceasta este o tradiție de sute de ani, aplicată și în vechile grădini de țară, unde creșteau gălbenele, crini albi, tradafiri și alte plante cu ale lor splendide flori, ce înconjurau brazdele de legume.

Pentru ca florile de vară, precum și cele perene să crească sănătos, folosiți tot compost, îngrășăminte naturale, precum și fiertură de urzică Puteți prelua în multe locuri din grădina de flori și ideea de a folosi strat vegetal protector. Această învecinare „colorată" priește atât plantelor „utile", cât și celor care înfrumusețează grădina. Însă aici este vorba de alegerea grădinarului: plantele utile îi oferă hrană pentru trup, însă florile îi vor oferi hrană pentru suflet.

Cea mai de preț și colorată bucurie vine din punguțele cu semințe de flori. Cu astfel de plante crescute chiar de dumneavoastră puteți înfrumuseța întreaga grădină. Însă această frumusețe este trecătoare. Acești copii ai zeiței Flora se dezvoltă în cele câteva săptămâni de vară și dispar odată cu primul îngheț.

Pe de altă parte, plantele perene decorează grădina ani de zile, dacă nu decenii. Există o gamă variată de astfel de flori. În paginile următoare veți găsi exemple de plante anuale, precum și de plante perene, care vă promit flori colorate din primăvară până toamna. Descoperiți ce v-ar interesa pentru grădina dumneavoastră.

Pregătirea solului și răsadurile

Primăvara, din aprilie până în mai puteți planta florile anuale de vară în grădină. Pentru aceasta aveți nevoie de o brazdă pregătită în grădină sau de o răsadniță bine pregătită. Există anumite specii mai sensibile pe care este mai indicat să le puneți pe un pervaz încălzit sau în mica seră.

Solul trebuie să fie afânat și fărâmicios. Este indicat să îl acoperiți cu compost toamna sau primăvara, dar în timp util. În momentul în care solul s-a încălzit, puteți semăna diversele plante de vară în rânduri, pe brazdă. Puteți folosi plăcuțe cu nume sau folosiți chiar plicul de semințe pentru a-l înfige în pământ, ca să știți mai târziu ce flori cresc acolo. Acoperiți rândurile cu un strat subțire de pământ sau cu compost putrezit. Semințele nu trebuie să stea prea înghesuite, altfel plantele nu vor găsi loc pentru a se dezvolta corespunzător. Mai târziu va trebui să mai scoateți din plăntuțele care cresc prea înghesuit. Foarte important este ca brazda să fie mereu umedă. În săptămânile de primăvară foarte călduroase și uscate, foarte utili sunt sacii de iută, pe care îi puteți pune peste rânduri. Puteți folosi și role moderne de material. În momentul în care apar primele frunzulițe, puteți să îndepărtați sacii.

Există anumite flori de vară mai viguroase pe care puteți să le presărați pe întreaga brazdă. Din această categorie fac parte, de exemplu gălbeneaua sau albăstreaua. Luați mereu în calcul și indicațiile de pe spatele pliculețului cu semințe.

Acolo veți găsi informații importante referitoare la distanța necesară între plante, înălțimea lor, precum și perioada de înflorire.

Cele mai bune locuri pentru frumusețile anuale de vară

În cea de-a doua jumătate a lunii mai, atunci când plantele sunt îndeajuns de dezvoltate, puteți să mutați florile în locurile planificate din grădină. Păstrați destulă distanță între plante, pentru a putea face rădăcini numeroase. Astfel vor fi și mai stabile, dacă nu trebuie să se înalțe numai în sus, căutând disperate lumina.

Plantele anuale de vară vă pot ajuta să completați spațiile dintre plantele perene sau puteți să le plantați pe marginea unei brazde. Ele cresc bine pe lângă tufișurile ornamentale sau la marginea grădinii de legume. Aceste flori nu vor face niciodată flori colorate și frumoase, dacă se află în umbră sau dacă stau prea înghesuite.

Atunci când transplantați florile, aveți grijă să coordonați corect plantele în funcție de înălțime.

Folosindu-se de culorile aprinse ale florilor de vară, un grădinar înzestrat poate organiza grădina precum un pictor. Puteți crea un tablou de o splendoare magică, dacă armonizați nuanțele florilor din grădină.

Ce îngrășăminte trebuie să folosiți

Pentru transplantare, alegeți un loc bun și puneți florile la o distanță corespunzătoare.

Dacă ați presărat compost și așchii de coarne pe sol, atunci tot ceea ce vă mai trebuie sunt câteva „guri" de fiertură de urzici, pe care să le aplicați în perioada principală de creștere. Însă puteți folosi îngrășământ lichid, numai atunci când plantele sunt îndeajuns de mari.

Florile de vară trebuie să fie cât mai bogate posibil. Dacă aplicați prea mult îngrășământ, atunci ele vor face prea multe frunze și mult prea puține flori. Dar dacă rupeți constant florile trecute, atunci ați făcut deja cel mai important pas, pentru a stimula o perioadă de înflorire, care va dura săptămâni întregi.

Flori anuale cu înflorire de vară

Această mică selecție din mulțimea de flori, ale căror semințe le puteți găsi la plic vă va ajuta să faceți primii pași în lumea florilor de vară.

Ochiul boului

(Callistephus chinesis)

Ochiul boului face parte din tabloul de vară. Sunt niște flori minunate, care pot fi și tăiate pentru buchete, și care cresc din iulie până toamna târziu. Spectrul de culori al acestei flori pornește de la alb, la roz, și vișiniu, până la nuanțe de violet deschis sau închis. Există soiuri înalte, precum și soiuri pitice. Plantați florile la o distanță de 15-25 cm. În funcție de soi, ochiul boului va crește sub formă de tufă, atingând o înălțime de 30-70 cm. Hibridul „Stella" este rezistent la boli. În plus, mai există și soiurile de ochiul boului pitic. În ofertă veți găsi amestecuri colorate din toate soiurile. Din comerț puteți cumpăra direct răsad, dar în general nu veți ști ce soi sunt.

Sfat: Atunci când alegeți un soi, aveți grijă să fie unul care este rezistent la boli!

Chica voinicului

(Nigella damascena)

Acesta este numele unei flori delicate de vară pe care o puteți pune oriunde în grădină, pentru a umple golurile.Florile în formă de stea de un albastru ca cerul sunt înconjurate de frunze penate fin. Există și soiuri cu floarea roz sau albă.

Presărați prin grădină semințele de chica voinicului. Mai târziu, replantați-le la o distanță de 15 cm. Plantele ajung la o înălțime de 30-50 cm. Înfloresc din iunie

Ochiul boului este de diverse soiuri și culori și înflorește toată vara până toamna târziu.

Trăsăturile caracteristice ale florii chica-voinicului sunt florile în formă de stea ce cresc printre frunze penate.

până în octombrie. „Miss Jekyl" este un soi cu flori albastre. În plus, mai există combinații de culori, precum „Giuvaierele persane".

Sfat: Aceste flori deosebite sunt bune și pentru a le usca și a le folosi pe post de flori decorative.

Albăstrea

(Centaurea cyanus)

Albăstrelele nu cresc numai la marginea câmpiei. În grădină – în special în grădinile de la țară, sunt de efect – fac parte din categoria frumuseților fără pretenții, ce strălucesc în buchețele de vară, fie ele în grădină sau în vază. În afară de cunoscutul soi albastru, mai există și soiuri roz și albe. Presărați semințe de albăstrele în locuri libere. Mai târziu, plantele vor avea nevoie de o distanță de 15-20 cm; ajung la 40-80 cm înălțime. Albăstrelele înfloresc din iulie până în septembrie. Se potrivesc bine în grădinile ecologice. De obicei sunt comercializate sub formă de amestec de culori. „Blue Boy" este un soi de un albastru intens.

Sfat: Puneți câteva flori de albăstrea în ceaiul dumneavoastră de vară.

Gura-leului

(Antirrhinum majus)

Gura-leului este una dintre cele mai vechi și cunoscute flori din grădinile de țară. Ele se păstrează timp îndelungat și în vază. Semănați gura-leului foarte devreme – de preferat în martie, într-o zi călduroasă. Astfel veți putea transplanta deja plante viguroase în luna mai. Au nevoie de 20-25 cm distanță și, în funcție de soi și de condiții, ajung la o înălțime de 20-90 cm. Minunatele flori catifelate strălucesc în grădină din iunie până în octombrie, în culori precum roz pal, sau în nuanțe de roșu și galben. Între ele mai pot apărea și flori crem. În comerț veți găsi un amestec de culori, cu flori pitice, mediu-înalte sau înalte. Copiii adoră să apese pe floare, pentru a vedea cum se deschide „gura" leului!

Sfat: Melcii nu atacă gura-leului!

Gura-leului este o plantă ce se bucură de vitalitatea din vechile grădini de la țară. Înfloresc luni în șir până când dă înghețul.

Gălbenea

(Calendula officinalis)

Gălbeneaua nu are voie să lipsească din nicio grădină bio. Puteți să plantați aceste flori printre ierburile aromatice sau să le folosiți drept partener în culturile mixte cu legume. Bineînțeles că gălbenelele pot fi plantate și în grădina de flori, pentru a capta atenția. Aceste plante înfloresc de sute de ani în grădinile de țară și în grădinile mănăstirilor. Nu sunt deloc flori pretențioase și le puteți semăna din aprilie în grădină. Odată ce au fost plantate, gălbenelele își împrăștie singure semințele și apar și anul următor. Gălbenelele, de altfel flori viguroase cu rădăcini multe, au nevoie de o distanță de 25-30 cm între ele; ajung la o înălțime de 30-50 cm. Ele înfloresc din iunie până când dă înghețul. În grădinile ecologice cele mai indicate sunt gălbenelele cu flori simple. Foarte frumoase sunt și soiurile de flori bătute de un galben sau portocaliu puternic, precum „Pacific" sau „Fiesta Gitana".

Sfat: Culegeți flori de gălbenele și pentru ceai sau pentru a le folosi drept un ingredient sănătos și decorativ în salate.

Cosmos sau Fluturași

(Cosmos bipinnatus)

Cunoscutele flori sunt simbolul unei grădini de vară. Semănați-le în pământ din aprilie. Plantele tinere au nevoie de 30-40 cm distanță; ajung la o înălțime de 100-150 cm. Cosmosul face flori roz, vișinii sau albe printre frunzele penate. Aceste flori tradiționale din grădinile de țară cresc peste tot fără probleme și înfloresc continuu din iunie până în noiembrie.

„Sensation" este o combinație între toate culorile. „Daydream" este un nou soi, în nuanțe alb-rozalii.

Sfat: Cosmosul nu este o plantă agreată de melci!

Cosmosul este o floare care se potrivește de minune în buchetele de vară.

Clarkia

(Clarkia unguiculata)

Semănați această plantă splendidă din martie. Plantele tinere trebuie replantate la o distanță de 25 cm una de cealaltă; ele ajung la o înălțime de 40-60 cm. Clarkia înflorește din iunie până în septembrie. Nu sunt plante sensibile și suportă și verile răcoroase sau umbra fără probleme. Aplicați numai puțin îngrășământ. Adorabilele flori arată ca niște mici trandafirași. Florile pot fi roz, roșii, lila sau albe. În comerț găsiți numai amestecuri ce conțin toate culorile.

Sfat: Puteți folosi clarkia pentru a crea buchete romantice de flori.

Floarea-soarelui
(Helianthus annus)

Prezența acestei flori în grădină este la fel de necesară precum prezența soarelui strălucitor pe cer. Ele sunt plante care au nevoie de mult spațiu și de mult soare. Cel mai frumos arată dacă sunt plantate pe lângă un gard. Puteți pune semințele mari în grădină începând cu luna aprilie. Mai târziu, plantele vor avea nevoie de o distanță de 40-60 cm între ele, pentru a se dezvolta cum trebuie și pentru a prinde rădăcini puternice. În funcție de soi, floarea soarelui ajunge la 50-300 cm înălțime. Puneți mult îngrășământ organic, precum și fiertură de urzică.

În funcție de soi, floarea soarelui poate înflori din iulie până în octombrie, cu flori în nuanțe de galben auriu și maroniu. Există soiuri cu inflorescență simplă sau cu flori bătute. Puteți alege între diverse soiuri și nuanțe. „Herbstschönheit" are flori în culori calde de toamnă. „Goldener Neger" este un soi cu flori galben-aurii și cu mijlocul negru. „Teddybär" este un soi pitic cu flori bătute.

Sfat: Floarea soarelui este o plantă care oferă flori de tăiat ce durează puse în vază. Semințele le puteți folosi pentru a hrăni păsările iarna.

Crăițe
(Tagetes)

Crăițele nu pot lipsi dintr-o grădină bio. Se plantează în culturile mixte pentru a ține departe dăunătorii, dar și pentru „însănătoșirea" solului. În plus, vă veți bucura și de nuanțele de galben și maro minunate ale florilor.

Decorative și utile – plantați crăițe pe lângă roșii, cartofi sau pătrunjel.

Puteți semăna crăițe în grădină din luna aprilie. Dar pentru că ele se află pe lista de plante preferate ale melcilor, este indicat să le plantați înainte într-o răsadniță sau într-un loc călduros din casă. Însă puteți cumpăra crăițe de toate soiurile și culorile din magazinele de specialitate sau de la piață. Plantele pitice au nevoie de 15 cm distanță între ele, iar plantele mai mari de 30-50 cm. Toate crăițele au un miros puternic; înfloresc neîncetat din mai până în noiembrie. Există o multitudine de soiuri colorate de crăițe. Printre **soiurile de crăițe înalte** (*T. erecta*) se numără, de exemplu „Inca Yellow" cu flori mari, galbene ca lămâia, sau „Orangenprinz" cu flori ca niște mingiuțe, de un portocaliu închis. Din categoria crăițelor pitice bătute (**Grupa T. Patula Nana**) fac parte „Cupido", cu flori de un galben sulfuros, „Carmen", cu flori roșu-maronii cu accente gălbui și „Mr. Majestic" cu flori simple, cu flori roșcate și dungi galbene.

Pentru grădinile ecologice se potrivesc cel mai bine cele din sortimentul „Ehrenkreuz" cu flori galben-maronii, precum și **crăițele pitice** (T. tenufolia), cu flori micuțe și frunze penate, delicate. „Gnom" este un soi de crăițe cu flori galbene, „Pusztazauber" are flori de un roșu puternic și galben.

Sfat: De la toate crăițele puteți strânge singur semințe.

Nalba

(Lavatera trimestris) (Malope trifida)

Ambele sunt flori de vară minunate cu flori de forma unei pâlnii sau cupe care dezvoltă flori la baza frunzei, ca toate florile ce fac parte din familia Malvaceae. Din luna aprilie, puteți semăna semințele pe o brazdă. Tinerele plante trebuie replantate după aceea la o distanță de 20-30 cm. Nalba ajunge la 60-100 cm înălțime. Lor le place un sol de bună calitate și mult soare. Nalba va înflori din iulie până în octombrie, în nuanțe magice de roz, roșu sau alb.

Ambele soiuri se găsesc în comerț în pliculețe unde culorile sunt amestecate. Nalba „Silver Cup" face flori mari și catifelate, în nuanțe de roz. „Mont Blanc" este varianta de culoare albă. „Ruby Regis" iese în evidență prin flori roz cu tije închise la culoare.

Sfat: Nalba este partenerul magic pentru florile de vară. Se asortează cu florile perene albe, albastre sau roz, precum și la ochiul boului sau garofițele de grădină. Dacă ați început să le plantați, nu veți mai dori să vă lipsească din grădină!

Nalba cu florile sale bogate are nevoie de mult spațiu, pentru a putea dezvolta tufe mari, cu multe ramuri.

Măzăriche parfumată

(Lathyrus odoratus)

Măzărichea este o plantă cu flori în formă de fluture, precum mazărea. Ea se cațără pe gard sau pe orice tip de spalier. Florile ei răspândesc un miros frumos și dulce. Puteți pune semințele mari în pământ încă din luna martie – la aprox. 10 cm câte 2-3 semințe, toate într-un rând de-a lungul spalierului. Măzărichea este o plantă care „adună" azot; cu toate acestea, trebuie să îi puneți compost, așchii de coarne și puțină fiertură de urzică. Vara, pe timp de caniculă, trebuie să fie și udată. Tijele cățărătoare ajung la o înălțime de 1,50 – 3 m. Soiurile pitice rămân la 25 – 40 cm înălțime. Toate tipurile de măzăriche înfloresc din iulie până în octombrie.

Spectrul de culori se întinde de la alb la galben pal, roz și roșu închis, până la un albastru ca de lavandă sau nuanțe închise de violet. În comerț veți găsi în special amestecuri frumoase de semințe. Însă puteți să alegeți și pachețele cu o singură culoare și să le combinați.

Sfat: Măzărichea rezistă mult în vază și umplu întreaga cameră cu mirosul lor plăcut. Chiar și numai pentru acest lucru merită să semănați măzăriche.

Cârciumăreasa

(Zinnia elegans și Z. augustifolia)

Cârciumăresele sunt copii ai soarelui, „de loc" din Mexic. Puteți semăna aceste plante începând cu luna martie, atunci când este cald, iar din aprilie le puteți pune și pe o brazdă pe teren liber. Soiurile de cârciumăreasă înaltă au nevoie de 30-40 cm distanță între plante, în cazul soiurilor pitice este nevoie de numai 20 cm distanță. În funcție de soi, cârciumăreasa variază între 20 și 100 cm înălțime. Au nevoie de soare și de puțină fiertură de urzică; astfel, vor înflori din iunie până în octombrie.

Florile cârciumăreselor au culori calde de vară, galben, portocaliu, roșu și roșcat. Există însă și soiuri cu flori în nuanțe de roz sau mov. Majoritatea florilor sunt bătute, însă există și variante cu inflorescență simplă, de asemenea, interesante.

Cele mai frumoase sunt amestecurile colorate, pe care le puteți găsi în comerț, ca de exemplu, amestecul „Cârciumăreasă uriașă de California" (*Z. elegans*), foarte viguroasă. În grădinile bio se potrivesc delicatele cârciumărese din sortimentul „Covor persan" (*Z. augustiflora*). Aceste cârciumărese fac multe flori mici și bătute, în culori calde. Amestecul „Liliput" (*Z. elegans*) are flori pitice, de 40 cm înălțime, cu flori de forma unor ciucuri.

Sfat: Cârciumăresele atrag mulți fluturi, datorită culorilor vii. Florile țin foarte mult, atât în grădină, cât și în vază.

Frumosul joc de culori oferit de măzăriche, dar și mireasma lor uimesc atât în grădină, cât și în vază.

Flori bienale, cu înflorire de vară

Cu o durată ceva mai mare de viață decât plantele anuale sunt cele bienale. Pe acestea le semănați vara, din iunie până în iulie, iar toamna trebuie transplantate. Abia în anul următor vor înflori. Printre aceste tipuri de flori se numără multe flori din grădinile de țară, care se potrivesc foarte bine într-o grădină bio. Dacă se simt bine, unele dintre plante vor înflori chiar mai mulți ani.

Degețelul roșu

(Digitalis purpurea)

Degețelul roșu este o floare ce provine din luminișurile de pădure. Florile în formă de clopot se deschid pe o tijă lungă și durează timp îndelungat. Din luna iunie puneți semințele în grădină. Până la sfârșitul lunii septembrie transplantați florile, replantându-le la o distanță de 30-40 cm între ele. Lor le place în special un humus ușor acid și un loc cu puțină umbră. Din iunie până în iulie, plantele ce înfloresc ajung la 1,20-1,50 m înălțime.

Soiurile tradiționale de degețel roșu au flori albe, roz și purpurii. În general le găsiți în amestec. Noile soiuri au flori mai mari, iar spectrul de culori este, de asemenea, mai mare; printre altele, există flori crem, portocaliu-piersică și roșu-violet. „Mervita” este un soi cu flori în nuanțe de la crem la violet, „Sutton´s Apricot” are flori în culori pastelate.

Sfat: Degețelul roșu aduce parcă o bucățică de pădure în grădina dumneavoastră. De aceea este o plantă care se potrivește foarte bine în grădinile bio. Cresc bine în special într-un „decor” verde. Atenție: Degețelul roșu este otrăvitor!

Micșunele

(Cheiranthus cheiri)

Este o regină a aromelor pe timp de primăvară. Puteți semăna micșunele în grădină încă din luna mai, iar mai târziu le puteți replanta la o distanță de 20-25 cm. În zonele cu o climă mai aspră, micșunelele trebuie să fie protejate pe timp de iarnă. În perioada de înflorire – din aprilie până în iunie – plantele ajung la 30-50 cm înălțime, în funcție de soi.

Florile micșunelelor sunt simple sau bătute, în nuanțe de galben, portocaliu sau maro. În comerț veți găsi amestecuri de culori, în varianta simplă sau bătută. Există și soiuri pitice.

Degețelul roșu oferă o priveliște magică în grădină. Aici este prezentat soiul „Gloxinaeflora”.

Sfat: Mirosul plăcut și dulce al micșunelelor încântă simțurile atât în grădină, cât și într-un buchețel pe care să îl puneți în cameră.

Nalba de grădină

(Alcea rosea)

Semănați acest simbol al verii din mai până în iunie. Este foarte ușor să distribuiți aceste semințe mari, astfel că puteți păstra distanța necesară de 40-50 cm. Legați la timp tijele nalbei de grădină, pentru că în anul următor pot ajunge și la 2-3 m înălțime. Uriașul speciei de nalbă are nevoie de un sol plin de substanțe nutritive și îngrășământ. Plantele pot crește atât în soare, cât și în puțină umbră.

Nalba de grădină are flori simple sau bătute, variind de la alb la galben pal, roz sau nuanțe de roșu. Soiul cu flori roșii spre negru iese în evidență. În comerț nalba se găsește în amestesc colorat de flori bătute. „Simplex" este un soi cu flori simple. „Nigra" face flori de o nuanță mistică roșu-neagră.

Sfat: Plantați nalba de grădină de-a lungul gardului sau pe lângă un perete, unde au parte de susținere și unde sunt protejate de vânt. La paginile 49-51 găsiți sfaturi pentru a le proteja de rugina nalbei.

Nu-mă-uita

(Mysotis sylvatica)

De nu-mă-uita nu aveți voie să uitați! Ele trebuie să existe în orice grădină de primăvară, cu ale lor flori albastre, ce se întind precum un covoraș. Semănați-le din iunie până în iulie într-un loc semi-umbros, și aveți grijă ca brazda să fie mereu umedă. Pentru replantare, 15 cm între flori sunt suficienți. Nu-mă-uita înflorește anul următor, în luna mai, alături de alte flori splendide de primăvară. Ating o înălțime de numai 15-30 cm și nu sunt deloc pretențioase. Le place foarte mult umiditatea și cresc la fel de bine într-un loc însorit sau într-un loc cu semiumbră.

Micșunelele parfumate și floarea de nu-mă-uita cresc primăvara într-o apropiere convenabilă.

Pe lângă sortimentul cu flori albastre, există și varietăți cu flori albe și roz. „Blauer Korb", „Blauer Strauss" și „Blauer Ball" sunt sortimente de un albastru puternic. „Rosylva" este un sortiment cu flori roz.

Sfat: Plantați nu-mă-uita singure pe o brazdă, sau alături de narcise galbene sau lalele albe și roz. Dacă nu le scoateți din pământ prea deveme, ele își scutură semințele și vor reapărea ani la rând.

Bucuria îndelungată adusă de florile perene

Florile perene înfloresc mereu în grădinile noastre. Ele pot rămâne ani de zile în același loc. În general, tijele aflate deasupra pământului vor îngheța. Însă în primăvara următoare, plantele vor da tije noi din rădăcini sau din bulbi. Din această grupă de plante fac parte flori precum dalia, crinii, lalelele, ghioceii, nuferii, plantele din familia Poaceae și feriga.

O brazdă cu plante perene poate să fie o încântare în grădina dumneavoastră, ce vă aduce mereu suprize.

Pregătirea temeinică

Pregătiți foarte bine noua brazdă. Merită să îndepărtați orice buruiană cu tot cu rădăcini. Pentru că mai târziu va fi foarte deranjant dacă plantele perene se vor amesteca cu tot felul de buruieni.

Înainte de plantare, îmbunătățiți solul cu compost din belșug și cu un îngrășământ organic cu eliberare prelungită. Plantele perene au nevoie de îngrășământ, însă nu într-o cantitate prea mare, altfel ajung să facă mai multe frunze decât flori. Perioada ideală de plantare pentru florile perene este toamna, din septembrie până în octombrie, precum și în lunile de primăvară, din martie până în mai. Înainte de a planta florile, gândiți-vă ce dimensiuni vor atinge atunci când cresc. Luând în calcul acest aspect, veți calcula distanța corespunzătoare între plante. Trebuie să luați în considerare și înălțimea plantelor. De aceea, plantele „uriașe" precum nemțișorul, trebuie puse „în fundal". În partea din mijloc trebuie plantate florile de înălțime medie, precum margaretele și floxul. În partea din față puteți planta florile pitice. Perioadele de înflorire, precum și culorile florilor trebuie combinate inteligent. Brazdele de flori perene cresc mai bine dacă plantați mai multe flori de același fel. Astfel vor apărea insulițe în marea colorată de flori. Pentru îngrijirea brazdei de flori perene este important să păstrați și porțiuni neocupate din sol, pentru a-l putea afâna sau pentru a adăuga îngrășământ. Grădinarul are nevoie de loc, pentru a putea tăia tijele sau pentru a pune apă. Pentru ca pământul de pe o bazdă proaspăt pregătită să nu se usuce, puteți pune flori de vară în toate spațiile libere. Toamna, atunci când plantele de vară s-au uscat, puteți să vă plimbați din nou printre rânduri și să lucrați din nou la brazdă.

Următoarele exemple vă vor ajuta doar să vă faceți o idee cu privire la gama variată. Sunt prezentate în special acele flori care cresc în grădinile de la țară și care se potrivesc și în grădinile bio. Marele avantaj al acestora este că majoritatea florilor sunt rezistente și nu sunt pretențioase. După ce ați acumulat experiență în urma plantării margaretelor sau a căldărușelor, puteți să vă aventurați și să alegeți plante mai pretențioase.

Căldărușă

(Aquilegia)

Căldărușele sunt esențiale într-o grădină bio. Rădăcinile lor se întind de-a lungul multor generații de grădinari. Specia sălbatică de un albastru intens (*A. vulgaris*) a fost o plantă care, cu nu multe decenii în urmă, se găsea în pădure. Căldărușele albe, roz, roșu închis, bleu-lila sau violet închis din grădinile de la țară au o istorie de sute de ani. Vorbim încă de aceleași forme surprinse de Albrecht Dürer în tablourile sale. Acestora li se alătură noile soiuri (Hibrizii *A. caerulea*), cu flori mari. Căldărușelor le place humusul umed. Cresc bine în semiumbră, însă pot crește la fel de bine și în soare. În perioada de înflorire din mai până în iunie ajung la o înălțime de 40-60 cm. Dacă căldărușele se simt bine într-un loc, își vor împrăștia singure semințele.

Încercați să achiziționați mai ales soiurile din vechile grădini de la țară; ele se potrivesc cel mai bine într-o grădină construită după principii naturale.

„Grandmothers Garten" este un amestesc de căldărușe clasice în toate culorile. „Black Barlow" (soi de *A. vulgaris*) uimește prin violetul închis al florilor bătute; hibridul „Kristall" de *A. Caerulea*este de un alb pur.

Sfat: Căldărușele sunt niște flori minunate și de pus în vază. Plantați căldărușele alături de cerceii doamnei, clopoței și bujori – astfel veți putea recrea o imagine romantică, ca de pe vremea bunicii.

Aster

(Aster dumosus, A.-novae-angliae, A. Novi-belgii, printre altele*)*

Asterul înflorește toamna. Familia Asteraceae are foarte multe sortimente. Pentru început și pentru a le înțelege, vom prezenta mai întâi soiurile de toamnă, ce înfloresc din septembrie până în octombrie. În acest caz puteți alege între soiurile pitice, care ating o înălțime de 30-50 cm sau soiurile înalte, ce ajung fără probleme și la 100-150 cm înălțime. Toate sortimentele de aster preferă un loc însorit și un sol afânat, plin de substanțe nutritive. Legați la timp tijele, pentru ca toamna să nu se frângă din pricina vântului sau a ploilor. Sortimentele mai bătrâne trebuie împărțite și replantate. Toate soiurile de aster se găsesc într-o gamă largă de culori, ce se întinde de la alb și roz, până la vișiniu și violet, trecând și prin nuanțe de lila.

Cine poate rezista farmecului căldărușelor? În grădinile bio se potrivesc cel mai bine vechile soiuri din grădinile de țară.

Feluri și sortimente

- *Aster dumosus* „Herbstgruss vom Bresserhof" – roz puternic; „Kassel" – roșu carmin; „Prof. A. Kippenberg" – soi vechi, de culoare albastru-lavandă; „Kristina" – soi cu flori semi-bătute, de culoare alb imaculat.
- *Aster novae-angliae* „Alma Pötschke" – roz puternic, soi tradițional; „Rubinschatz" – un soi minunat, tradițional, de pădure, de culoarea rubinului. „Violette" – violet-purpuriu.
- *Aster novii-belgii* „Schöne von Dietlikon" – albastru-violet închis; „Crimson Brocade" – roșu-carmin.

Sfat: Soiurile perene de aster sunt, în perioada de înflorire, un paradis pentru fluturi! Asterul cu frunza netedă poate fi atacat de făinare. Micii lăstari sunt foarte „apreciați" de melci. Într-o zonă cu climă mai aspră este indicat să plantați soiuri mai viguroase de aster.

Crizantema

(Dendranthema x grandiflorum, înainte *Chrzsanthemum x hortorum)*

Crizantemele înfloresc toamna târziu. Aceste flori perene ce provin din vechile grădini asiatice, conferă grădinii bio flerul vechilor grădini de țară. Crizantemele au o aromă ce amintește de ideea de perisabil. Ele reprezintă frumosul, dar melancolicul cântec de lebădă al anului (de grădinărit).

Plantați crizantemele într-un loc însorit, dar ferit, la o distanță de 40-60 cm. Un sol argilos și plin de substanțe nutritive este ideal. Adăugați acestor plante îngrășământ organic, precum și fiertură de urzici. Perioada ideală de plantare este la începutul anului. În funcție de soi, crizantemele ajung la o înălțime de 40-80 cm. Înfloresc din septembrie până în noiembrie, în nuanțe de alb, galben, maroniu, roz sau roșu. În timpul iernilor foarte geroase, crizantemele au nevoie de protecție împotriva înghețului.

Un vis de toamnă în nuanțe de violet închis – sortimentul tradițional „Schöne von Dietlikon", un soi înalt, este un câștig pentru brazdele de flori perene.

Soiuri tradiționale:

„Kleiner Bernstein" – soi cu floare semi-bătută, de culoare portocaliu-maro; „Schweizerland" – soi cu floare bătută, de un roz puternic; „Clara Curtis" – soi cu floare simplă, de un roz pal; „L'Innocence" – soi cu flori simple, de un roz delicat; „Fellbacher Wein" – soi cu flori semi-bătute, vișinii; „Weisser Riese" – soi cu flori semi-bătute, albe.

Sfat: Crizantemele sunt flori minunate și rezistente, potrivite pentru buchetele de toamnă. Primăvara aveți grijă să protejați micii lăstari de melci!

Iris sau stânjenel

(Iris)

În grădinile mănăstirilor, irisul se numără printre plantele medicinale. De-a lungul a sute de ani, frumusețea colorată a acestei flori a fost apreciată în grădinile de la țară. Numele lor provine de la zeița curcubeului, pentru că înfloresc în toate culorile imaginabile. Au primit și numele de stânjenel, datorită frunzelor lungi, sub formă de sabie.

Perioada ideală de plantare a irisului începe în luna iulie și se termină în august, după perioada de înflorire. Alegeți un loc luminos, unde apa nu băltește. Irisului nu îi place umezeala excesivă, însă preferă un sol bogat în humus. Rizomii mari și cărnoși ai irisului trebuie plantați drept și acoperiți cu un strat de pământ de cel mult 2-3 cm. În funcție de soi stânjeneii înfloresc din mai până în iunie. Ajung la o înălțime între 20 și 100 cm. Bogăția de culori este nelimitată – irișii pot fi albi, galbeni, maro, roz, roșu-albăstrii sau violet.

Bogăția noilor soiuri splendide este imensă. Acești hibrizi ai Iris-Germanica sunt împărțiți în soiuri pitice, semi-înalte și înalte. Alături de aceștia există și vechii irişi germani, cu flori lila deschis sau irișii florentini, cu puteri vindecătoare, ce provin din Italia. Pe piață se găsesc din nou vechile soiuri de iriși, plantați în grădinile vechi de țară. Sunt foarte rezistenți și se potrivesc foarte bine într-o grădină bio.

Toate soiurile: Stânjenelul (*Iris Germanica***)** – culoare lila deschis, viguros; face multe flori;

Irisul florentin (*I. Germanica 'Florentine'***) –** lila deschis sau alb, cu rădăcini cu puteri vindecătoare (rădăcinile de stânjenel sunt în continuare recomandate copiilor cărora le dau dinții sau pentru a le mesteca).

Soiuri vechi:

„Rheintraube" – albastru-lavandă sau albastru închis; „Rheingauperle" – roz-lila, petale laterale cu nervuri deschise la culoare; „Wabash" – mijloc alb, petale laterale violet cu marginea albă; „Kupferhammer" – galben auriu și maroniu, de înălțime medie.

Toate soiurile de iris, precum soiul „Wabash" în culori contrastante sunt viguroase și sănătoase. Fac tije lungi.

Soiuri noi:

Soiuri pitice (Grupa Iris-Barbata-Nana)

„Cyanea" – albastru-violet; „Little Rosy Wings" – roșu rubiniu; „Brassie" – galben-auriu.

Soiuri de înălțime medie și înalte (Grupa Iris-Barbata-Media și Barbata-Elatior): „Ola Kala" – galben mat; „Toelleturm" – alb pur și violet închis; „Cliffs of Dover" – alb pur; „Fuchsjagd" – roșcat; „Night Owl" – albastru închis spre negru; „Pink Satin" – roz.

Lupin

(Lupinus)

Lupinul este o floare fără pretenții, ce înflorește la început de vară. Plantați lupinul la 50 cm distanță, pentru a putea să facă tufe viguroase. Aceste flori perene pot crește într-un loc însorit sau cu semiumbră. Se simt bine într-un sol bogat în humus, puțin acid, dacă este posibil. Dat fiind că fac parte din categoria plantelor care acumulează azot, nu au nevoie de mult îngrășământ. Puneți doar compost. Lupinul ajunge la 80-120 cm înălțime în perioada de înflorire, din mai până în iulie. Aceste flori superbe în formă de lumânare pot fi albe, roz, roșu, galbene sau albastru-violet. Deseori florile sunt bicolore. Dacă puneți singur în pământ semințele, după care transplantați florile în grădină, veți obține combinații noi și surprinzătoare de culori.

Sortimente:

„Schloßfrau" – alb-roz; „Kronenleuchter" – în nuanțe de galben; „Kastellan" – albastru.

Sfat: Lupinul este superb în vază. Dacă tăiați la timp tija înflorită, atunci până la toamnă va mai da o tijă nouă.

Margareta

(Leucanthemum maximum)

Margaretele sunt centrul de interes în grădinile de vară. Sortimentele de margarete simple ne amintesc în continuare de cele care creșteau pe câmpii. Plantați aceste plante perene robuste la 50 cm distanță, într-un loc însorit. Ele vor crește în orice grădină, însă se vor dezvolta mai ales într-un sol de bună calitate, bogat în humus. Puneți compost și fiertură de urzici. Perioada de înflorire este în mijlocul verii, în lunile iulie și august. În funcție de soi, margaretele ajung la 50-100 cm înălțime. Culoarea florilor este albă. Există soiuri cu flori simple sau cu flori bătute.

Soiuri:

„Gruppenstolz" – soi tradițional, cu flori albe, simple; „Christine Hagemann" – soi cu flori bătute, fără a fi însă dense; „Wirral Supreme" – soi clasic, cu flori bătute.

Sfat: Albul margaretelor are un efect liniștitor printre celelalte culori tari ale florilor de pe brazda de plante perene. Toate margaretele rezistă foarte bine și în vază.

„Princess Victoria" este unul din multele sortimente de mac cu caliciu superb.

Mac oriental

(Papaver orientale)

Florile de mac aduc splendoare și opulență orientală în grădină. Nimeni nu poate rezista frumuseții acestei flori. Macului oriental îi place un loc însorit, cu un sol bogat în humus și afânat, în care să poată să își extindă rădăcina pivotantă. Plantați macii la 40-50 cm distanță. Perioada de înflorire este în mai și iunie. În funcție de soi, macul ajunge la 60-90 cm înălțime.

Soiuri:

„Türkenlouis" – roșu aprins, cu petale franjurate; „Perry's White" – alb pur, iar miezul este de culoare închisă, soi tradițional; „Helen von Stein" – roz fanat, cu petale crețe; „Patty's Plum" – un lila deosebit, un soi nou englezesc.

Sfat: Micile răsaduri pot fi atacate de melci! Combinați splendizii maci cu nemțișor și margarete.

Bujor

(Paeonia officinalis și P. lactiflora)

Bujorii sunt flori cu o tradiție veche. Bujorii de grădină, cu florile ca niște mingi, de culoare vișinie, sunt cunoscuți la noi de sute de ani. Alte sortimente splendide își au rădăcinile din bujorul chinezesc. Există soiuri cu flori simple sau bătute. Bujorilor le place soarele din abundență, precum și un sol umed, plin de substanțe nutritive. Vă vor fi recunoscători dacă le puneți mult compost și îngrășământ. Este foarte important să nu plantați rădăcinile cărnoase prea adânc în pământ. Punctul de „înmugurire" nu trebuie să fie acoperit cu mai mult de 3 cm de pământ.

Pentru aceste plante perene găsiți un loc unde pot crește ani în șir, fără să fie deranjate. Trebuie plantate la 100 cm distanță. Bujorii înfloresc din mai până în iunie; în funcție de soi ajung la 60-80 cm înălțime. Perioada ideală de plantare a bujorilor este la începutul toamnei. Pentru grădinile bio cei mai potriviți bujori sunt cei tradiționali din grădinile de țară. Niciun grădinar nu poate nega nici frumusețea bujorilor chinezești. Florile lor sunt albe, roz sau roșii.

Soiuri:

Bujorii de grădină (*P. officinalis*)

„Rubra Plena" – roșu închis, bătut; „Alba Plena" – alb, bătut.

Bujori chinezești (*P. lactiflora*)

„Avantgarde" (1907) – flori simple de culoarea piersicii, cu miez galben; „Festiva Maxima" (1851) – flori albe cu pete roșii, bătute și parfumate; „Jeanne D'Arc" (1858) – flori bătute, ca niște mingi, de culoare roz, cu miez crem; „Lotus Queen" (1947) – flori simple cu petale mari, albe și cu miez galben, cu un miros delicat; „Sarah Bernhardt" (1906) – flori de culoare roz, bătute și parfumate.

Sfat: Legați la timp bujorii, pentru ca florile să nu cadă la pământ din pricina unor ploi.

Printre sortimentele de bujori chinezești se numără și tradiționalul „Sarah Bernhardt".

Flox

(Phlox paniculata și P. maculata)

Floxul răspândește un miros plăcut în serile calde de vară. Florile bogate îmbogățesc grădina săptămâni la rând. Plantați aceste flori perene tradiționale la o distanță de 50-80 cm, într-un loc însorit sau într-o umbră ușoară. Floxului îi place un sol plin de substanțe nutritive și afânat. Puneți-i compost, așchii de coarne și fiertură de urzică. Plantele vor atinge 70-100 cm înălțime.

Dacă veți combina soiuri timpurii cu soiuri tardive, perioada de înflorire va dura din iulie până în septembrie. Paleta de culori cuprinde de la alb, roz și roșu până la lila și violet închis. Dacă le îngrijiți corespunzător, floxul poate trăi mulți ani. Această plantă vă dăruiește și flori superbe pentru buchetele de vară. *Phlox Paniculata* este floxul clasic de grădină. Cele mai frumoase varietăți sunt cele crescute de cunoscutul Karl Foerster. *Phlox maculata*, floxul de câmpie, cu paniculele sale lunguiețe, în formă de piramidă, se potrivește foarte bine în grădini construite după principii ecologice.

Tipuri și soiuri:

Floxul de câmpie (*P. maculata*)

„Alpha" – soi vechi cu panicul lung și flori de culoare mov; „Omega" – flori albe cu centru roșu închis; „Rosalinde" – roșu carmin cu miez închis la culoare.

Floxul de grădină (*P. paniculata*)

„Kirmesländler" – alb cu miez roșu, cu înflorire târzie, un soi dezvoltat de Foerster; „Dorffreunde" – roz puternic cu miez roșu închis, cu înflorire târzie, un soi dezvoltat de Foerster; „Pastorale" – roz pal, cu înflorire mediu-timpurie; un soi dezvoltat de Foerster; „Württembergia" – roz închis, cu înflorire mediu-timpurie, un soi vechi de la țară; „Düsterlohe" – violet închis, cu înflorire timpurie, un soi dezvoltat de Foerster; „Wilhelm Kesselring" – violet deschis, cu miez alb, cu înflorire timpurie, soi tradițional; „Pax" – alb pur, cu înflorire târzie.

Sfat: Folosirea în doze echilibrate a îngrășământului are un efect profilactic împotriva nematodului tulpinilor. Tăiați imediat de la rădăcină tijele bolnave. În săptămânile secetoase de vară, udați floxul din belșug.

Un soi apreciat de flox este tradiționalul Kirmesländler, dezvoltat de Foerster.

Delphinium sau nemțișor

(Hibrizi Delphinium)

Nemțișorul aduce în grădina dumneavoastră albastrul cerului. „Candelabrele" acestei plante perene splendide reprezintă centrul de interes al plantelor cu înflorire timpurie din grădină. Superbele nuanțe intense de albastru ies ca prin magie în evidență, în fața celorlalte flori perene. Pentru a avea parte de o asemenea splendoare, nemțișorul are nevoie de un sol bine pregătit și bogat în humus. Folosiți compost, un îngrășământ organic bogat în substanțe și fiertură de urzică. Cel mai bine este să plantați florile primăvara, la o distanță de 40-50 cm, într-un loc însorit. În perioada de înflorire, nemțișorul atinge, în funcție de soi, 70-180 cm înălțime.

Paleta de culori se întinde de la albastru deschis la violet închis. Există și sortimente cu flori de culoare albă. Noile soiuri au chiar și flori roz. Nemțișorul se împarte în trei grupe principale: hibrizii Belladonna, mai delicați și pitici; hibrizii Elatum fac plante mari, cu panicul dens pe o tijă lungă. Hibrizii Pacific provin din America, iar florile lor mari sunt bătute. „Tatăl" nemțișorilor este Karl Foerster. Soiurile extraordinare ale acestuia sunt în continuare vedetele din marea albastră de flori.

Tipuri și soiuri:

Hibrizii Belladonna

„Kleine Nachtmusik" – lila închis, 80 cm, soi dezvoltat de Foerster, potrivit pentru grădinile mici; „Piccolo" – albastru gențian puternic, 80-100 cm, potrivit pentru gădinile mici

Hibrizii Elatum

„Berghimmel" – bleu cu miez alb, 170 cm, soi dezvoltat de Foerster; „Jubelruf" – bleu strălucitor, 180 cm, soi dezvoltat de Foerster; „Perlmutterbaum" – albastru cu roz delicat, 180 cm, soi dezvoltat de Foerster; „Tempelgong" – albastru închis cu purpuriu, 180 cm, soi dezvoltat de Foerster.

Hibrizii Pacific

„Astolat" – roz-lila, 180 cm; „King Arthur" – violet închis cu miez negru, 180 cm; „Galahad" – alb, 180 cm.

Sfat: Nemțișorul este, din păcate, foarte apreciat și de melci. Cel mai important este să protejați plantele tinere. Dacă după înflorire tăiați tijele la 10-20 cm, nemțișorul vă va mai bucura cu încă un rând de flori, pe timp de toamnă.

Nemțișorul are flori ce „strălucesc" în tonuri de albastru puternic. Soiul „Piccolo" este potrivit pentru gădinile mici.

Cerceii doamnei

(Dicentra spectabilis)

Cerceii doamnei este o plantă superbă din grădina de țară a bunicii. Florile au forma unor inimioare, ce se întind pe tije îndoite. Dacă planta a găsit un loc potrivit, atunci va crește mulți ani și se va dezvolta.

Plantați cerceii doamnei într-un loc cu puțină umbră, unde solul este umed și bogat în humus. Planificați o distanță între plante de 40-50 cm, pentru că plantele dezvoltă tufe voluminoase de-a lungul timpului. În perioada de înflorire din mai ajung la 50-70 cm înălțime. Planta face flori albe sau roz.

Tipuri și soiuri:

D. spectabilis este un soi unic, nu există și alte sortimente ale acestui soi; „Alba" este o versiune cu flori albe.

D. eximia face flori de culoare roz deasupra unor frunze ușor penate. Atinge numai 30 cm înălțime și înflorește pentru o perioadă îndelungată de timp, din mai până în iulie. „Alba" este o versiune cu flori albe.

Sfat: Vara, planta se retrage în pământ. Frunzele se usucă. Astfel apare un loc gol pe brazdă, pe care îl puteți umple cu flori de vară. Aveți grijă la această plantă sensibilă din grădina bunicii: tijele și rădăcinile sunt foarte fragile!

Dalia

(Hibrizii Dahlia)

Din sortimentele inițiale, sălbatice, de dalie, s-au dezvoltat astăzi o mulțime de soiuri și sortimente de decor. Daliile fac parte din categoria florilor perene, însă nu suportă iarna. Astfel ne putem da seama că aceste plante provin din țări calde.

Plantați în pământ tuberculii cărnoși de dalie abia de la jumătatea lunii mai, pentru ca lăstarii sensibili la îngheț să nu pățească ceva. Alegeți un loc însorit și păstrați, în funcție de soi, o distanță de 30-70 cm. Daliile preferă un sol afânat, bogat în substanțe nutritive. Puneți-le compost și îngrășământ organic, pentru ca acestea să aibă destulă putere să dezvolte tijele lungi, pe care vor crește florile ce țin mult timp. În funcție de soi, aceste „flori ale aztecilor" ating o înălțime de

De sute de ani, cerceii doamnei este o plantă care face flori albe și roz.

Atunci când ne uităm la coloratele dalii, mai este cineva care se gândește că aceste flori vin din Mexic?

30-170 cm. Perioada de înflorire începe în iulie și se încheie în octombrie. Florile daliilor înfloresc în toate nuanțele din spectrul cromatic, lipsește numai culoarea albastră.

După primul îngheț dezgropați tuberculii de dalie și puneți-i în pivniță, în cutii cu nisip. Din mulțimea de culori și forme a daliilor vă oferim aici numai un mic rezumat. Numărul soiurilor este imens.

Grupele de dalii:

- **Dhalia cactus** face flori mari și elegante, cu petale subțiri; ating înălțimea de 80-170 cm.
- **Daliile decorative** reprezintă cea mai spectaculoasă grupă, cu cele mai mari flori. Florile au o formă rotundă și au petale foarte dense; înălțime până la 170 cm.
- **Daliile cu flori simple,** care pe vremuri se numeau și daliile pitice, au max. 30 cm înălțime, cu flori rotunde, simple.
- **Daliile pampon** inspiră un aer retro. Florile lor bătute amintesc de niște sfere; înălțime: 90-100 cm.

Soiuri vechi, istorice:

În comerț mai pot fi găsite și câteva soiuri vechi. Cel mai răspândit soi este „Bishop of Llandaff". Plantele fac frunze ce ies în evidență, închise la culoare, iar florile sunt de un roșu închis, ușor bătute. Înălțime 90-100 cm.

Delicatele gladiole „Butterfly" se potivesc foarte bine în grădinile construite după principii ecologice.

Sfat: Lăstarii de dalie sunt printre preferații melcilor. Dacă le preplantați în ghivece mari, atunci evitați acest pericol.

Gladiole

(Hibrizii Gladiolus)

Gladiolele sunt ideale pentru straturi înalte de flori, sau pentru o brazdă de flori pentru buchete. Aceste flori puțin pretențioase ce cresc din tuberculi, au fost mereu apreciate în grădinile de la țară. Din luna aprilie, puneți tuberculii într-un sol bogat în humus, ușor nisipos, la o adâncime de 10 cm și o distanță de 10-20 cm între ei. Gladiolelor le place soarele, însă în afară de acest lucru, nu sunt prea pretențioase. În funcție de soi, gladiolele ating o înălțime de 60-120 cm. Înfloresc din iulie până în septembrie, în aproape toate nuanțele. Numai nuanțele de albastru lipsesc. Toamna trebuie să scoateți tuberculii și să îi depozitați în casă, într-un loc uscat.

Tipuri și soiuri:

- **Gladiolele înalte** se găsesc în sortimente variate, cu flori în aproape toate nuanțele posibile.
- **Gladiole pitice** (printre altele *G. nanus*) sunt rudele mai delicate ale gladiolelor înalte. Înfloresc ceva mai devreme, din iulie până în august, și ating o înălțime de numai 40-60 cm. Florile lor drăgălașe se potrivesc foarte bine în grădinile bio, unde nu doriți să vă făliți cu flori pompoase. Modul de cultivare este același ca în cazul gladiolelor mari. Soiurile recomandate sunt „Prinz Claus" – cu flori albe cu pete roșu-carmin și „Charming Beauty" (*G. tubergenii*) – roz cu alb.
- **Gladiolele sălbatice** provin din regiunea noastră. *G. Communis* subspc. *communis* are flori roșu-violet, rezistă pe timp de iarnă și se potrivește în grădini bio.

Crinul de grădină
(Lilium candidum)

Este simbolul vechilor grădini ale mănăstirilor și de la țară. Nu există varietăți ale acestei flori. Florile în formă de pâlnie, de un alb imaculat au rămas mereu la fel. Aroma lor dulce și grea pare că plutește mereu la noi în grădină. Cepele mari ale crinului trebuie plantate la început de august, cel târziu în septembrie. Trebuie să le acoperiți cu numai 3 cm de pământ. Puneți cel puțin 3 cepe într-un cuib. Locul ales trebuie să fie însorit. Tuturor crinilor le place un humus de bună calitate și afânat, precum și umiditate constantă. Nu este bine ca apa să băltească, pentru că astfel există riscul ca cepele să putrezească. Crinii de grădină ating o înălțime de 1,20-1,50 cm. Înfloresc în iunie și iulie. Acestor vechi crini nu le place să li se schimbe locul. Alegeți un loc, în care să poată crește pentru multă vreme, fără să fie deranjați. Astfel de crini nu veți mai găsi peste tot în comerț.

Sfat: Protejați lăstarii de melci și cepele de șoarecii de câmp.

Crinii de grădină sunt un simbol vechi al tradiției din grădinile mănăstirilor și ale celor de la țară.

Despre autoare

Marie-Luise Kreuter a învățat din grădina părinților încă de mică despre flori, legume și fructe. După ce a încheiat studiile de etnologie, ea a făcut o pregătire în domeniul jurnalismului la Universitatea din Westfalia de Sud (SWF), specializându-se după scurt timp pe probleme legate de grădinărit. Astfel a publicat o mulțime de cărți și articole și a pregătit emisiuni la radio și televiziune. În anul 1981 a înființat o grădină după principii ecologice, pe care a folosit-o și în scopuri didactice. În același an a apărut și prima ediție a cărții „Grădina bio", care între timp a devenit un bestseller, ajungând la cea de-a 25-a ediție. În anul 1985, în calitate de specialist și autor, a pus bazele revistei „kraut & rüben", pentru care mulți ani de zile a fost și editor. În calitate de cel mai bun gădinar bio al țării, aceasta a scris multe cărți și articole de revistă.

Informații editoriale

Descrierea CIP a Bibliotecii Naţionale a României
KREUTER, MARIE-LUISE
Grădinăritul bio pentru începători : teorie şi practică /
Marie-Luise Kreuter ; trad.: Victoria Săuleanu. - Bucureşti :
Editura M.A.S.T., 2015
ISBN 978-606-649-050-4

I. Săuleanu, Victoria (trad.)

635.9

I. Colecția agro-zoo

1.ABC-ul meseriei. Tăierile de formare și întreținere pentru pomi și arbuști fructiferi și ornamentali	24,50
2. Adăposturi pentru vite	16,00
3. Albinăritul pastoral	12,50
4. Albinăritul pentru începători	12,50
5. Altoirea pe înțelesul tuturor (color)	22,50
6. Arbori şi arbuşti ornamentali	10,50
7. Atlas color de recunoaștere: muguri și lăstari pentru arbori și arbuști	24,00
8. Bolile albinelor	14,00
9. Bolile şi dăunătorii plantelor	38,00
10. Bolile vacilor	24,00
11. Bonsai pentru grădini şi terase	10,00
12. Broaștele țestoase de apă: exotice, fascinante, unice	25,00
13. Caisul şi piersicul	11,50
14. Cireşul şi vişinul	9,50
15. Ciupercile. Cultura ciupercilor Agaricus, Pleurotus şi ghidul ciupercilor din flora spontană	15,00
16. Combaterea cârtițelor din grădină	10,00
17. Crescătoria de curcani	12,50
18. Crescătoria de raţe şi gâşte	12,50
19. Creşterea caprelor	14,00
20. Creşterea găinilor	9,50
21. Creşterea iepurilor de casă	13,50
22. Creșterea melcilor	14,00
23. Cartea viei și vinului	28,00
24. Creşterea porumbeilor	13,00
25. Creşterea prepeliţelor	11,50
26. Creşterea vacilor	13,00
27. Creșterea porcilor. Manual.	35,00
28. Creșterea și îngrijirea cailor	19,00
29. Cultura arbuştilor fructiferi	11,00
30. Cultura legumelor din grupa verzei	12,00
31. Cultura legumelor în câmp şi solarii	12,00
32. Cultura legumelor bulboase: ceapă, usturoi, praz	9,00
33. Cultura mărului	14,00
34. Cultura măslinului	14,00
35. Cultura plantelor sălbatice comestibile	19,50
36. Cultura prunului	11,50
37. Cultura rădăcinoaselor	9,50
38. Cultura tomatelor, ardeiului și vinetelor	10,00
39. Cultura trandafirilor	16,50
40. Cultura tutunului	7,00
41. Cultura plantelor valoroase rare	12,00
42. Dresajul cailor: bazele inițierii pentru cal și călăreț	15,00
43. Fructe, legume, flori. Metode de prelungire a păstrării în stare proaspătă. Conserve de fructe şi legume	17,50
44. Furajarea ecologică a bovinelor	9,00
45. Gazonul. Vegetație specifică, înființare, întreținere	14,00
46. Germeni vegetali pentru o sănătate perfectă	24,00
47. Grădinăritul în zonele urbane	14,50
48. Grădinăritul bio pentru începători	19,50
49. Iernatul albinelor	11,50

50. Irigații în culturile horticole	13,50
51. Îndrumătorul viticultorului amator. Soiurile rezistente de viță-de-vie și particularitățile lor de cultură	27,00
52. Livada, grădina şi via. Boli, dăunători şi tratamente.	13,00
53. Manual de creștere a albinelor	37,00
54. Manual de construcție și utilizare a solarelor	15,00
55. Metode de înmulțire a plantelor	24,50
56. Nucul, alunul şi migdalul	13,00
57. Orhidee crescute în casă şi birou	11,50
58. Părul şi gutuiul	13,50
59. Păsări de apartament	8,50
60. Păsări decorative	16,00
61. Plante citrice în apartamente, sere şi grădini	16,50
62. Plante medicinale. Cultură. Ghid foto. Acțiune terapeutică	28,00
63. Plante în ajutorul altor plante	12,50
64. Pomii şi arbuştii fructiferi. Lucrări de tăiere	10,00
65. Pomii fructiferi. Lucrări de înfiinţare şi întreţinere a plantaţiilor	14,50
66. Pomi fructiferi cu coroane pe spalieri	29,50
67. Potcovitul de calitate	12,50
68. Producerea materialului săditor pentru legume, pomi şi vie	18,50
69. Rase de iepuri. Atlas color	30,00
70. Refacerea viilor vătămate	8,50
71. Rozătoare de companie	11,00
72. Strutul. Creștere, împerechere și comercializare	13,00
73. Sănătatea, bolile și îngrijirea copitelor	14,50
74. Șerpi și șopârle	10,00
75. Tăierile de formare pentru arbuștii ornamentali	20,00
76. Vinaria de acasa	28,00
II. Bolile pe înţelesul tuturor	
1. Acneea și rozaceea	35,00
2. Afecţiunile gingivale şi parodontoza pe înţelesul tuturor	8,50
3. Afecţiunile neurologice pe înţelesul tuturor	10,50
4. Afecţiunile ureterului, vezicii urinare şi prostatei	9,50
5. Bolile esofagului, stomacului şi duodenului	8,50
6. Bolile ginecologice pe înţelesul tuturor	13,50
7. Bolile hepatice pe înţelesul tuturor	9,50
8. Bolile inimii pe înţelesul tuturor	9,50
9. Bolile intestinului şi pancreasului pe întelesul tuturor	7,50
10. Bolile renale pe înţelesul tuturor	9,00
11. Bolile respiratorii pe înţelesul tuturor	6,00
12. Bolile reumatice pe înţelesul tuturor	10,00
13. Bolile sângelui pe înţelesul tuturor	9,00
14. Bolile vasculare pe înţelesul tuturor	7,50
15. Braunwald. Heart Disease – 2 volume	141,00
16. Cauzele îngrăşării şi ale slăbirii pe înţelesul tuturor	10,00
17. Diabetul zaharat pe înţelesul tuturor	12,50
18. Hrana de zi cu zi. Între sănătate deplină și sinucidere lentă	15,00
19. Infarctul miocardic	10,00
III. Mâncăruri şi băuturi	
1. Afumături, pastramă, cârnaţi: carne de porc, vită, pasăre şi vânat	18,00
2. Biblia bucătăriei Vegan	29,00
3. Brânzeturi pentru casă şi piaţă	14,00
4. Bucătăria etniilor din Cernăuți	19,50
5. Cazanul de ţuică. Tehnici de fermentare, tehnici de distilare	12,50

6.Cârnaţi, salamuri şi lebăr. Producere şi comercializare	14,50
7. Cidrul, vin din pere, rachiu și Calvados	13,50
8. Conservarea cărnii. Metode de preparare a cărnii pentru păstrarea pe termen lung. Carte practică	18,50
9. Fabricarea berii la îndemâna tuturor	15,00
10. Marmelade, gemuri și jeleuri	14,00
11. Mierea. Aliment și medicament	11,50
12. Pâine în cuptorul automat	10,50
13. Pește afumat și marinat	9,50
14. Rețete culinare din flori	14,50
15. Sirop si nectar din fructe,flori si plante medicinale	14,50
16. Whisky în producţie casnică	11,00
17. 22 Condimente care îți ocrotesc sănătatea	15,00
18. Vinuri curative și vinuri pe bază de plante aromate – făcute acasă. Sănătate pentru suflet	22,50

IV. Hobby – Timpul liber

1. Construcţii din hârtie. Maşini şi alte vehicule	15,00
2. Curs de bază în acvaristică	19,50
3. Destinații în Africa de Sud. Ghid eco.	29,00
4. Manual de astronomie. Ghidul practic al cerului nopții	55,00
5. Obiecte de podoabă din mărgele şi noduri celtice	37,50
6. Origami. Idei peste idei	35,00
7. 100 de metode pentru un dresaj perfect	37,50
8. Numerologia medicală	14,00
9. Pescuitul la copcă. Capturi de şalău, ştiucă, păstrăv, biban, crap, peşte lună	48,00
10. Terapeutul nostru – pisica (100% color)	15,00

V. Colecția: Poţi face şi singur

1. Acoperișuri. Lucrări de dulgherie, izolare, învelire.	20,00
2. Adăposturi și locuințe din baloți de paie	18,50
3. Amenajarea modernă a mansardelor	8,50
4. Bărci din lemn	37,00
5. Captarea şi folosirea în gospodărie a apei din precipitaţii	11,00
6. Căsuțe mici în curți și în grădini	39,00
7. Circuite electrice în casă și împrejurimi (format A4, color)	45,00
8. Construirea şi montarea scărilor	12,00
9. Construcţii uşoare pentru curte şi grădină	28,00
10. Construcții de cărămidă	37,50
11. Construiţi propria dronă	39,00
12. Coşuri din nuiele. Un hobby dar şi o afacere	20,00
13. Cuptoare şi grătare de grădină	14,00
14. Doar puțină îndemânare. Bricolaj	40,00
15. Duşumeaua şi parchetul. Tehnici de aplicare şi finisare	13,50
16. Garaje, parcări şi şoproane	10,00
17. Garduri și porți (proiecte de garduri din lemn, metal, plastic)	37,50
18. Instalații solare	10,00
19. Instalaţii de încălzire	14,00
20. Instalații electrice	21,00
21. Izolarea termică a locuinţelor	13,50
22. Încălzirea cu lemne	11,50
23. Manualul tâmplarului de mobilă	40,00
24. Manualul tapițerului	16,00
25. Mobilier rustic	32,00

26. Mobilier pentru întreaga casă	18,50
27. Motorul Stirling	12,00
28. Placarea ceramică	32,00
29. Renovarea caselor	19,00
30. Repararea şi înlocuirea acoperişurilor	12,00
31. Rețele de apă și canalizare, instalații sanitare	15,00
32. Rotorul Savonius	8,00
33. Săpunul de casă. Rețetele saponificării la rece. Saponificarea la cald	16,00
34. Sobe şi şeminee	11,50
35. Sudarea şi lipirea metalelor	14,00
36. Tehnica lucrărilor de zidărie, armare, cofrare. Prepararea betoanelor, șapelor, mortarelor şi gleturilor	9,00
37. Tehnica utilizării energiei eoliene. Manual de execuție.	19,00
38. Vitralii	38,00
39. Manual de electronică pentru amatori. Ghid complet	25,00

VI. Istoria – aşa cum a fost –

1. Avioane de luptă. Messerschmitt BF109E	15,00
2. Cronica ţarilor ruşi. Prezentare cronologică	42,50
3. Egiptul antic. Marile descoperiri	85,00

VII. Vacanțe sigure pe apă și pe uscat

1. Ambarcatiuni cu motor. Tipuri-tehnici-conducere (100% color)	29,50
2. Animale și urmele lor	38,00
3. Cum supraviețuim în sălbăticie	39,00
4. Cum să înotăm corect. Manual pentru începători	19,50
5. Cum să navigăm corect pe bărcile cu pânze	20,50
6. Cățărări și bouldering. Tehnici de cățărare și asigurare pentru începători	21,50
7. Ghidul forțelor speciale neînarmate pentru lupta corp la corp	19,00
8. Ghid medical de urgențe pe apă și pe uscat	21,50
9. Hărți, busole, GPS	16,00
10. Orientarea submarină în scufundarea de agrement	15,00
11. Scufundarea liberă (fără respirație): principii de bază, tehnici de antrenament, practică	21,50

VIII. Plante cu viitor asigurat

1. Combustibilul pe bază de alcool	26,00
2. Cultura lucernei și trifoiului	12,00
3. Cultura sfeclei	9,00
4. Cultura plantelor pentru ulei	12,00
5. Lupinul dulce. Plantă proteaginoasă	12,00

Se primesc comenzi prin poştă pe adresa
Editura M.A.S.T. OP 5 CP 95, Bucureşti , tel.: 021 4101945 / 4101936;
mobil 0723-536196 fax 021-4101945; SITE: www.edituramast.ro;
e-mail: mast@xnet.ro

tipărit la
Tipografia Shik și Ștefan